# Ángeles y Arcángeles

# de Lemuria

Un mensaje del Arcángel Raziel

M.P.J. Manannán

# Ángeles y Arcángeles de Lemuria

Un mensaje del Arcángel Raziel

Ed. Patricia Fhon

Ángeles y Arcángeles de Lemuria
M.P.J.  Manannán

Editado por: Patricia Fhon Bazán - 10147148
Mello Franco 150 - Jesús María - Lima - Perú
pattfhon95@hotmail.com

Impreso por Patricia Fhon Bazán - 10147148
Mello Franco 150 - Jesús María - Lima - Perú
pattfhon95@hotmail.com

Ilustraciones Ángeles Reales: Sara de Castela
Portada y otras ilustraciones: M.P.J y Rachel Pons

# Índice

## Has visto... un Ángel guardián
### Experiencias que llevan al camino espiritual

## Lemuria... el principio
### Un mensaje de Raziel

## Lugares Sagrados
### Segundo mensaje... meditaciones e iniciaciones

## Ángeles y Arcángeles

### Como conocerlos y comunicarnos con ellos

## Anexos

# Agradecimientos

Aunque parezca mentira, esta parte del libro es la que más me ha costado escribir. Y no porque no sepa a quien debo agradecer toda esta experiencia, sino porque no encuentro cómo hacerlo.

Le he dado vueltas y vueltas. He escrito multitud de borradores intentando encontrar las palabras correctas para agradecer, en la justa medida, el apoyo, la ayuda, la inspiración y los sentimientos que me han llevado a escribir este libro. Pero al volver a leer los borradores siempre sentía que faltaba algo.

Finalmente decidí publicar este "último borrador", casi sin releerlo, con la confianza que mis palabras, aunque breves, sean el reflejo de lo que siento realmente.

Aunque el "despertar" y la razón de continuar luchando en esta vida, así como mis primeros escritos y poesías estaban inspiradas y dedicadas a mi hija Laia, que siempre está en mi corazón, recuperé mi corazón y mi alma desde lo más profundo de la oscuridad gracias a una luz, a un ángel en la tierra llamado Patricia. Ella me mostro de nuevo el significado de la amistad, el amor y la entrega.

Desde el primer momento, fue el apoyo y la guía de mi nueva vida. Gracias a su amor y cariño, no solo me recuperé, sino que renací para empezar una nueva vida junto a ella basada en la espiritualidad, el servicio a los demás y la vida interior.

Y con ella, mis tres hijos, Laia, Toly y Rachel, que son mi familia y los motores de esta existencia que tantos cambios radicales ha tenido.

Agradezco la oportunidad que me brindaron unos amigos y maestros esenios muy especiales, Ramón y Esther que, en el momento más oscuro de mi vida, abrieron mis ojos y me mostraron el camino que aún podía recorrer. A Enríc y Simone, que me ayudaron en muchos momentos a conseguir mis objetivos y que me acercaron a la espiritualidad de una manera que yo desconocía. Debo también un agradecimiento especial a uno de mis maestros más queridos Eckard Strohm, que, junto con todo su equipo, me reconecto con la sabiduría de los Ángeles y ayudo a sanar muchas de mis heridas del pasado, haciéndome posible renacer para vivir una nueva vida e iniciándome de forma seria y profunda en el camino espiritual. Gracias a él pude conectar con los Ángeles y así llegar a escribir este libro.

También agradezco la ayuda de todas aquellas almas que, de una forma u otra, han formado parte de mi vida y que me han hecho crecer día a día. Y a todos los que nos acompañan en este momento en nuestros proyectos de expansión de las Terapias Naturales Energéticas y la nueva espiritualidad basada en la libertad y la convivencia con los Ángeles.

Finalmente, mi agradecimiento, entrega y dedicación a los Ángeles, ya que ellos son los que, con sus mensajes, hicieron posible la mayoría de la información que contiene este libro. En especial a los Arcángeles Miguel y Raziel que me protegen e inspiran cada día. Doy gracias al Padre y a la Sagrada Madre por este contacto.

# Prologo

En este libro, el autor comparte algunas de las experiencias que ha vivido con los Ángeles. Estos seres maravillosos que le envolvieron en un momento difícil y crucial de su vida. Este estrecho contacto cambió su vida radicalmente llevándolo a la búsqueda del amor incondicional, basando su vida, en una profunda espiritualidad y el servicio a los demás. Y así, abriendo completamente su corazón, recibió toda la información de los símbolos y el lenguaje que se utilizaron en el Jardín del Edén, y especialmente, en el Templo de Cristal de la antigua Lemuria.

Este libro es una historia conmovedora y llena de magia. Es un testimonio de fe y esperanza para mostrarnos que, desde el universo, nos llega una ayuda a la que podemos acceder con solo pedirla. Y es una guía para la comunicación con los Ángeles y en especial, con nuestro Ángel de la guarda.

Debo decir que, durante el desarrollo de este proyecto, el autor experimento grandes cambios, momentos de confusión y fuertes emociones que le afectaron a él y a su entorno familiar. Pero con fe y amor las fuimos superando sintiendo el aspecto sagrado de estas enseñanzas. Esto nos enseñó e ver y hallar la sencillez, el amor y la belleza de la vida...

Este "libro angelical" es un regalo para todo aquel que en algún momento de su vida ha tenido una experiencia con los Seres de Luz. Y para los que, dejando atrás el mundo materialista, quieren saber más acerca de su camino de vida y quieren conocer su verdadera misión.

Y con la más humilde gratitud a María, la Reina de los Ángeles, y a todos sus Ángeles, agradezco cada palabra y cada sentimiento que comparte con nosotros Martin, mi gran amor, y doy gracias a Dios por el regalo que nos ha hecho escribiendo este maravilloso libro lleno de sabiduría.

Eres un ser extraordinario...

Patricia Fhon
Junio 2012

11

# Introducción

Los Seres de luz siempre han estado conmigo, desde mi niñez. Mi madre me enseñó a creer en ellos y a tenerlos presentes en mi vida, y mi madrina me hablaba de ellos siempre que tenía oportunidad. Como todo niño, lleno de inocencia, veía y sentía las vibraciones de los Ángeles sin preguntarme lo que era, si era correcto o si era verdad, y sin importarme lo que otros pensaran de mis "visiones". Siempre estuve acompañado y me sentí protegido por ellos.

En mi recuerdo no está el momento que me separe de ellos, pero sé que lo hice. Y aunque nunca perdí la fe, perdí el contacto con mi alma llevando mi vida de forma materialista, con codicia y pensando solo en mi beneficio. Con un egoísmo extremo que me hizo caer, después de muchas oportunidades que me regalaron los Ángeles, al fondo del abismo.

Y en ese camino dañé a muchas personas y me dañé a mí mismo haciendo de mi vida algo que me costaba reconducir y recuperar. A pesar de todo, en algunos momentos de "lucidez espiritual", oraba para que eso terminara, pero "escondiendo", casi con vergüenza, mi verdadera espiritualidad. Como si no mereciera esa compasión o una oportunidad de volver a empezar. Ahora me parece increíble, pero tenía vergüenza del amor de Dios, como si eso fuera una debilidad y no un Don del Espíritu.

Y así la vida me llevo a conocer y experimentar la oscuridad que había en mí, a sentir la soledad más absoluta y el vacío en mi alma. Me enseño la culpa, el perdón, y a abandonar toda mi vida en la nada. Y en ese momento de total desesperación del que creía que nunca iba a recuperarme, casi sin pedirlo, los Ángeles se hicieron presentes, y pude ver ante mí la Luz de la vida, pude reconocerme como hijo de Dios, como parte de Él y me puse a su disposición: "Como quieras, cuando quieras y durante el tiempo que Tú quieras" fueron las palabras que salieron de mi corazón en ese momento que indudablemente cambio mí vida.

Después de algún tiempo, en el que mi vida se iba reestructurando poco a poco, llegaron de nuevo unos días de reflexión, culpa, remordimientos y sanación interior, y en ese momento, de nuevo los Ángeles acudieron en mi ayuda. Por algunas "casualidades", una noche, aparecieron dos ángeles humanos, Ramón y Esther, que, con sus palabras y su amor, abrieron mi corazón hasta tal punto que mi Ángel de la Guarda se presentó ante mí. Era una energía que ya conocía, que me era familiar, pero con una vibración diferente y con un mensaje que se repetía constantemente...

*"Ven conmigo... Estoy aquí para ayudarte..."*

Ese mensaje me llevo a experimentar de nuevo, pero de forma más profunda, mi espiritualidad. A conocer nuevas formas de contactar con mi alma y con los Seres de Luz, y a aprender nuevas técnicas espirituales y energéticas para ayudarme y ayudar a otros, llevándome hacia el primer paso de renacimiento, la maestría esenia.

Todo eso también me llevo a recuperar la alegría de vivir conociendo a Patricia, y junto a ella a volver a experimentar el verdadero amor, y el verdadero valor de la vida. Después de algunos años aprendiendo y practicando, decidimos con Patricia trasladarnos al Perú, y esa decisión cambio nuestras vidas.

Al poco tiempo de estar en Lima, empecé a escuchar algunos mensajes a los que no les di mucha importancia porque creía que eran cosas de mi imaginación. Los mensajes iban aumentando en número y en intensidad y se repetían constantemente:

*"Ven con nosotros... Trabaja con nosotros... Acércanos a los hombres y enséñales como conectar con nosotros y como escuchar nuestros mensajes".*

Y ese fue el comienzo de este libro, dictado por ellos para llegar de forma sencilla y más rápida a todos aquellos que lo deseen.

El mensaje de los Ángeles es que se "enseñe" cómo escucharles y como comunicarse con ellos, para que puedan cumplir la misión que Dios les dio: servir de ayuda a todos seres humanos en los procesos de aprendizaje y sanación que experimentamos en esta vida. Su ayuda está hecha a la medida de las necesidades de cada alma, es importante escuchar el conocimiento que nos dan en cada situación mientras avanzamos en el viaje espiritual de sanación y aprendizaje.

Todos poseemos la capacidad de comunicarnos con los Ángeles, es un regalo, un don de Dios. Solo necesitamos creerlo y hacerlo con el corazón lleno de amor; solo necesitamos sentirnos merecedores de lo que ellos nos regalan.

La mayoría de los hombres oyen los mensajes, pero no los entiende, los aparta de su mente porque no sabe distinguirlos, o simplemente hacen que no escuchan para seguir con su vida tal y como está.

Este es un tiempo de cambios, un tiempo difícil para todos, tanto para las personas espirituales como para las no espirituales. A los "trabajadores de Luz", se nos está mostrando lo que les va a suceder a todos aquellos que no se integren en el cambio, para entender las experiencias por las que ellos pasarán y así poder ayudarles.

Cada uno de nosotros está aquí, en este momento de la historia, con una misión especial: sanarnos, realizar los aprendizajes que nuestra alma pactó para esta vida, y elevar la conciencia del resto de seres humanos para la salvación de la humanidad y del planeta. Una vez que nos hayamos reconocido como Seres de Luz, podremos vivir nuestro cielo en la tierra para nosotros, y para todos aquellos que se acerquen a su camino y a su propia realidad. Pero el primer paso es aceptar nuestro cambio, aceptar nuestro "destino" y llevar nuestro camino con libertad y alegría, llenándonos de amor a cada paso. Porque solo si estamos llenos de amor podremos regalárselo a los demás.

Este libro está dirigido a todos aquellos que buscan acercarse un poco más a los Ángeles y que desean aprender cómo escuchar los "mensajes" que ellos nos regalan. A todos aquellos que se ven "diferentes", porque creen en la libre espiritualidad y en la salvación de la humanidad y del planeta a través de la elevación de la conciencia. Y, sobre todo, a todos aquellos que viven esta existencia para encontrar algo que no se aprende en los libros, algo que solo se aprende buscando en la esencia de cada alma.

# Has visto... un Ángel guardián
## Experiencias que llevan al camino espiritual

*Hay tres maneras de adquirir sabiduría:*
*primero, por la reflexión, que es la más noble;*
*segundo, por imitación, que es la más sencilla;*
*y tercero, por la experiencia, que es la más amarga.*

*(Confucio)*

## Reflexiones y poemas

La libertad, el libre albedrío, la posibilidad de elegir en cada momento lo que quieres hacer de tu vida, te da la posibilidad de aprender o de no aprender; de elegir la Luz o la oscuridad; de amar o no amar; incluso de vivir o no vivir.

Seguro que has experimentado momentos especiales, de dolor, de angustia, incertidumbre y enfermedad física. Cruce de caminos que te han brindado más de una oportunidad de elegir el cambio, de buscar en tu interior, de replantearte tu verdadera existencia. Y en todos ellos te ha tocado aprender alguna lección y crecer un poco más.

Cuando la sabiduría y la luz llegan, se adueñan de nuestra mente, y se expanden hasta llenar el corazón y el alma. Empiezas a ver las cosas de forma diferente. Empiezas a crecer, a acercarte a tu propia esencia. Ya no te ves como un ser físico con un alma en su interior, sino como un alma con un cuerpo físico, con un traje temporal, finito y mortal. Y en ese camino, corriges tus pensamientos, tus sentimientos y tus actos. Te alejas de la vida cotidiana, de todo lo social y de tener que demostrar algo que no sientes. Tomas las riendas de tu existencia sabiendo que rumbo tomar. Empujas con fuerza las piedras del pasado para que no puedan frenar tu nuevo caminar. Y guías tus pasos hacia un nuevo horizonte lleno de fe, esperanza y amor.

Y en ese momento, inmerso en tu camino espiritual, te sientes afortunado por la llamada que recibiste. Y sabes que este camino no consiste en meditar cada día, ser vegetariano, comer alimentos integrales o hacer votos de castidad o de abstinencia. Se trata simplemente de aprender, de conseguir armonía, de llegar a ser una buena persona; de, cada día, comprenderte un poco más a ti mismo, y esforzarte por convertirte en todo lo que quieres llegar a ser. Y comprendes que ser espiritual, es agradecer el despertar de cada mañana, agradecer las experiencias y lo todo lo que posees; significa ser consciente de que puedes crear tu propia realidad. Ser espiritual es aceptar, comprender, servir, dar, perdonar y, sobre todo, amar. Es buscar la verdad en tu interior, ya que solo allí la puedes encontrar. Ser espiritual es saber que no eres el de ayer, que no eres la persona que fuiste en el pasado, sino una nueva persona que se ha ido creando con lo aprendido en esta vida. Una nueva persona llena de nuevas oportunidades de crecer y de nuevos retos que afrontar.

Y todo ese proceso, todo lo que ahora vives, todo lo que ahora eres, es fruto de un último momento, de una última elección y de un nuevo compromiso de cambio y renacimiento.

Y todo ese proceso ha estado lleno de experiencias, pensamientos, reflexiones y poemas que te llevaron a tu camino espiritual.

# Un Ángel... una noche

Abrí la puerta, entré en el departamento y cerré sin hacer ruido para no despertar a nadie. Eran las ocho de la mañana de un frío día de invierno que empezaba a nacer. El sol, tímidamente, dibujaba reflejos en la pared dando la bienvenida a un nuevo día. Al entrar en mi habitación una emoción extraña invadió todo el ambiente, algo importante había sucedido esa noche.

Mis manos dudaban entre conectar el ordenador y coger lápiz y papel y empezar a escribir. Era como un fuego que luchaba por salir y expresar todos los sentimientos, situaciones, sensaciones y pensamientos que llenaban mi interior. Una cadena de "casualidades" habían convertido esa noche en una historia de búsqueda interior y de reencuentro con viejos conocidos. Pero eso no tenía importancia, no eran los hechos los que movían mi interior, sino las sensaciones que esos hechos habían dejado. Un "bip" indicó que el ordenador estaba preparado, y el cursor empezó a deslizarse rápidamente buscando la carpeta en la que guardaba todos los escritos.

–*Ese es* –dije con alegría.

Y en ese momento todos los sentimientos se dirigieron hacia los dedos de mis manos que, sin pausa, empezaron a moverse por el teclado. Amor, compasión, fe y alegría. Dudas, hechos y visiones se mezclaban en mi mente con un orden establecido, un orden difícil de explicar, casi un orden divino. No podía dejar de escribir, las manos no dejaban de moverse haciendo de ese movimiento casi una danza. No podía evitar que tomaran vida propia esos increíbles acontecimientos que hacía unas horas habían ocurrido como si se tratara de un guion ya escrito. A la sorpresa por lo vivido, se sumaba la incredulidad de lo que en esos momentos pasaba. Estaba escribiendo sin parar. Momentos de poesía y momentos de prosa. Pero surgía sin pensar, con una armonía invisible entre el corazón y las manos bajo la mirada perpleja de mis cansados ojos.

–*Es increíble, ¿qué me está pasando?*
–*No puedo parar. No puedo parar. Tengo que dejar que las palabras fluyan...*

Escribía y escribía, las imágenes de esa noche se convertían en palabras y se repetían una y otra vez para no olvidar ni el más pequeño detalle.

De repente todo se paró. Mis manos dejaron de moverse, la mente se adormeció y el pecho se llenó de paz y amor entrando en un estado de armonía que no recordaba haber sentido antes. Nada tenía importancia, no había nada por lo que preocuparse, todo era sencillo, fácil... básico. En el corazón se unían bellos colores y dulces sonidos. Todas las preguntas y dudas que aparecían lo hacían sin ninguna prisa, sin angustia por no saber las respuestas. Al contrario, todo era tranquilo y bello, hasta el ignorar las soluciones a todos los problemas me parecía interesante.

Despertaban placidas sensaciones, pensamientos de comprensión, perdón y aceptación. Y empezaba a aparecer la curiosidad por leer aquello que había escrito. Quería averiguar que me había llevado a ese estado de pasión.

Lentamente, como si no existiera el tiempo, me dispuse a leer desde el principio:

*Ayer vi... un Ángel,*
*lo vi, y sin saberlo,*
*allí estaba conmigo*
*iluminando mis anhelos.*

*La luz invadía mis ojos,*
*paz, amor, calor intenso,*
*y una lluvia de color*
*en mi alma cayó de nuevo.*

*Apareció mientras lloraba*
*recordando mis sufrimientos.*
*Apareció sin decir nada,*
*y sanó mis sentimientos.*

*Me dio dos llaves doradas,*
*de oro viejo y oro nuevo,*
*una para cerrar el pasado,*
*y otra para mi corazón nuevo.*

–"Ayer vi... un Ángel... lo vi..." Ya lo tengo, ese será el título de la primera poesía... "Ayer vi un Ángel".

Me detuve un momento, descansé mis ojos, respiré profundamente, y seguí leyendo.

*Palabra a palabra se forja sin forma,*
*un halo de luz de hondo sentimiento,*
*que es, sin serlo,*
*la silueta y el sonido del alma.*

————

*El respirar de las almas,*
*y el sentir de los corazones,*
*fluyen en las palabras de un poema,*
*en la sencillez de un verso.*

*¡Ay! corazón... sonido y aroma del alma,*
*huracán y viento del sentimiento,*
*que, sin poder salir,*
*el cálido amor los guarda,*
*hasta que... sueño deseado,*
*el amor entre los amores,*
*se acerque a él, y dándole la mano,*
*permanezcan juntos hasta la eternidad...*

–*Estos versos parecen... pensamientos del alma, eso es...* –me dije, –"*Pensamientos del Alma*" es un buen título.

Al acabar de leer todo lo que había escrito, me quedé pensativo... Cada palabra, cada frase llegaba a lo más profundo de mi ser y me hacía revivir el encuentro inesperado de esa noche, la vivencia divina que envolvió mi corazón y que disfruté en compañía de mis nuevos amigos. Ese encuentro que me regaló un momento de paz en la tormenta que era mi vida en esos momentos.

Todo empezó uno de tantos días en el que casi todo me había salido mal. Mi vida personal era un desastre y mi vida interior había desaparecido hacía ya algún tiempo. Pero, aun así,

19

seguía buscando una salida, una razón que me llevara a encontrar el nuevo camino hacia la felicidad. Aquel día había quedado con una amiga especial. Pero al llamar para confirmar el encuentro todo cambió...

–*Hola María. ¿Cómo estás?*

–*Bien... ¿y tú?* –Respondió.

–*La verdad es que no muy bien. Me gustaría hablar contigo. Estoy un poco desanimado y necesito desahogarme.*

–*¿Ahora?* –Me preguntó sorprendida.

–*Si, ahora. Pero si no puedes podemos quedar más tarde* –le dije.

–*Es que... hoy no puedo. He quedado con unas amigas y no puedo faltar... Creo que mejor nos vemos mañana y así te desahogas. Puedes esperar hasta mañana, ¿no? No será tan importante.*

No se acordaba que habíamos quedado en vernos esa noche. Pero realmente, su reacción, las últimas palabras y su posterior sonrisa son las que me hicieron ver lo poco importante que yo era para ella. Y esas palabras cambiaron mi vida.

Al no encontrar el apoyo que esperaba en María, me hundí más en mi vacío interior, en mi pena y soledad, y cuando ya no sabía qué hacer o a quien acudir, cuando estaba cayendo de nuevo en el patético y destructivo "pobre de mí", sonó el teléfono.

–*Sí.*

–*Hola, soy José Luis.*

José Luis era un compañero de trabajo que había conocido unos meses atrás de forma "casual". Él, igual que yo, estaba buscando algo más en su vida.

–*Hola José Luis. ¿Cómo va todo?*

–*Bien, con mucho trabajo... Pero... ¿Haces algo esta noche?* –Me preguntó.

–*No, nada* –respondí.

–*Bien, porque me gustaría que nos viéramos. Esta noche he quedado con algunos amigos y me gustaría que los conocieras. ¿Te animas a venir?*

–*Si, por supuesto* –le dije no muy convencido –*Donde nos vemos.*

–*A las 8 pm en el centro* –me indicó.

Al llegar al centro, José Luis me presento a todos sus amigos. Y después de las presentaciones y de decidir los pormenores de la noche, nos fuimos a cenar. La cena fue tranquila y relajada, y el resto de la noche transcurrió entre risas y juegos. La verdad es que hacía mucho tiempo que no pasaba una noche sin pensar en mis problemas. Al llegar la madrugada todos se fueron despidiendo, incluso José Luis, y me quede con dos de mis nuevos amigos hablando y riendo de cosas intrascendentes.

En un momento de silencio casi preestablecido, uno de ellos me dijo:

–*José Luis nos ha contado un poco tus vivencias. Sabemos que estás pasando un momento difícil, que has tocado fondo y que estas luchando contra la depresión y por salir adelante con todas tus fuerzas. Por eso, si nos dejas, nos gustaría ayudarte.*

Me miro a los ojos, y viendo que se llenaban de lágrimas prosiguió –*Estoy seguro que esta noche, todo lo que está ocurriendo, incluso esta pequeña reunión de tres, es una sorpresa, o una "casualidad..." ¿no?* –Mientras yo asentía con la cabeza él seguía hablándome –*Te puedo decir que todo tiene una razón de ser, las casualidades no existen, y la respuesta a tus preguntas, la respuesta a tus plegarias ha llegado...*

En ese momento ya no pude contenerme y rompí en un profundo llanto, y buscando la protección y el calor humano, caí en su regazo para dejar salir todos los sentimientos que tenía anclados desde hacía mucho tiempo dentro de mí.

No recuerdo el tiempo que estuve en ese profundo llanto, pero sé que cuando el dolor llego a su máxima intensidad, cuando parecía que mi corazón se iba a partir, apareció ante mí una luz lila. Casi no podía mantener la mirada en ella. Y en ese momento empezó a disminuir el dolor, la angustia, y la luz empezó a llenar el vacío que habían dejado todos esos sentimientos, con paz, tranquilidad, seguridad, fe y esperanza. Y mis ojos solo podían ver y centrarse en esa maravillosa luz de color lila que me rodeaba, pero a la vez estaba delante de mí...

Poco a poco, a medida que mi vista se recuperaba y me incorporaba, me iba dando cuenta del gran cambio que estaba ocurriendo dentro de mí. Pero a la vez, crecían miles de preguntas sobre lo que había ocurrido. Finalmente, pude explicar a mis amigos lo que había visto, ya que ellos habían sido espectadores silenciosos de mi renacimiento. Al acabar de explicar mi experiencia uno de ellos tomo mis manos y me dijo:

*–Lo que has visto hoy, es un Ángel. Es tu Ángel de la Guarda.* –Había visto a mi Ángel, mi Ángel de la Guarda. Pero... ¿Cómo?... Y ¿por qué?...

De niño ya había tenido esas visiones extrañas, según mis familiares, sueños de niño. Pero mi vida había cambiado y no era precisamente un ejemplo de armonía, de paz y menos aún de santidad. Y eso de ver Ángeles es cosa de Santos, o de sacerdotes, o de personas con un don especial. ¿Cómo podía ser que un ser humano vulgar, con multitud de defectos, con una vida ruin y, además, lleno de problemas, pudiera ver un Ángel? No me sentía merecedor de ese don o privilegio. No estaba preparado para ver un ser divino. Había cometido muchos errores en esta vida, y aunque había pedido perdón por todos ellos, seguía preguntándome la razón de ese regalo.

Después de unos momentos de reflexión, les expuse a mis amigos todas las dudas que se agolpaban en mi mente, y todos los sentimientos que brotaban de mi corazón. Los dos me tranquilizaron y uno de ellos tomo la palabra y dijo:

*–Todos merecemos ver a los Ángeles y comunicarnos con ellos, y muy especialmente con nuestro Ángel de la Guarda. Dios los creó para eso, para que nos ayuden. Pero tenemos que pedirles las cosas que queremos, sino, no pueden hacer nada por nosotros. Aunque no lo creas hay mucha gente en tu situación. Pero créeme, tú, como todos, mereces todo lo que te puedan regalar los Seres de Luz. ¿Quién no comete errores? Ellos saben que somos humanos e imperfectos, pero a pesar de todo, nos aman.*

Después de estas primeras palabras, el resto de la noche transcurrió entre preguntas y explicaciones que se alargaron hasta el amanecer, y a pesar de que siempre he sido muy creyente y tengo mucha fe, cada vez estaba más sorprendido de lo que oía, aunque en mi interior todo eso me sonaba conocido. La espiritualidad, la Atlántida, los Ángeles y la comunidad esenia centraron la conversación, aunque esos nuevos amigos, ya Maestros esenios, se guardaron mucho de nombrar según qué cosas que aún no podía conocer.

Cuando ya salía el sol, justo antes de regresar a casa, uno de mis amigos al despedirse, me abrazó y me dijo:

*–Te diré algo, algo que te sorprenderá. Tú eres mi hermano espiritual, mi hermano esenio. Pero si no me crees, busca dentro de tu corazón y verás cómo sentirás que esto que te digo es cierto.*

Había sido una noche sorprendente y maravillosa, y estaba feliz, pero me sentía agotado. Hacía rato que me esforzaba por mantenerme despierto y ya llevaba muchas horas sin dormir. Me metí en la cama, y después de arroparme bien, cerré los ojos y le di gracias a Dios y a mi Ángel de la Guarda por esa noche tan especial.

A partir de ese momento ya nada fue igual. Había conocido a dos hermanos espirituales. Todo aquello por lo que había tenido que luchar solo, a veces con la incomprensión de los demás, se ordenaba rápidamente en mi corazón. Aún me faltaba mucho por aprender, pero ya estaba en el camino, había abierto la puerta de una nueva existencia desde la fe, la aceptación y la verdad. Una verdad que sabía que existía y para la que, sin darme cuenta, me habían estado preparando desde hacía mucho tiempo.

Y esa frase aún permanece en mi corazón. Al igual que las muestras de cariño de esos dos "nuevos amigos". A partir de esa noche, tuve el convencimiento de que debía seguir mi propio camino espiritual. Ha pasado algún tiempo desde entonces y sigo luchando, porque este camino nunca acaba ya que siempre hay algo nuevo que aprender.

(Gracias Esther y Ramón...)

# Conversaciones con mi Ángel...

## Mi querido Ángel... estoy perdido

Mi querido Ángel...
En la oscuridad de la noche,
en el silencio y en la quietud.

La visión de una dulce luz
y de una palabra perdida,
me dicen que me hablas.

Y deseando que vengas, busco...
y miro en mí, meditando contigo,
sintiéndome en ti, acariciando tú cálido color.

En sueños me relatas un cuento, y pones como protagonistas: la alegría, la ilusión, la felicidad y las ganas de vivir. Pero yo siento enfado, indignación, odio y rabia por la armonía que busco y que no encuentro. Estoy desorientado y perdido, y sigo adentrándome en un caos que no entiendo. Intento seguir mi voz interior, mis sentimientos, sin oponerme a ellos, dejando fluir las palabras para encontrar alguna respuesta.

Pero ahora, cerca del caos sin motivo aparente, cuando todo va bien y sin embargo todo se destruye. Aparecen dudas, preguntas y un inexplicable sentimiento de tristeza se convierte en algo que quiere destruir la fe que aún me mantiene sereno y con la mirada puesta en la esperanza de unirme con mi alma. En esos momentos, sé que nadie me puede ayudar. Estoy solo y no sirven excusas, razones o mentiras piadosas con mi propia alma. Se perfectamente que es lo que sucede. Algo desencadena un sentimiento, y ese sentimiento lo tengo que vivir y aceptar. Es la única forma de aprender lo que la vida me propone. La superación de un nuevo aprendizaje.

Querido Ángel, a pesar de mi caos, de mis dudas, de mi indiferencia hacia ti, cuando más te necesito, apareces y me susurras suavemente al oído:

—*"Nada es importante, solo es lo importante que tú quieres que sea..." Mírate, mira en tu interior y abre los ojos al amor entre las almas que físicamente se enfrentan, pero que se aman profundamente. Adéntrate en los conflictos desde la humildad del que quiere aprender y no desde la soberbia del que se siente maestro. Quiérete dulcemente, quiérete con tus luces y tinieblas, con tus amores y odios, con tu entrega y tu aparente dureza. Quiérete desde lo más profundo, desde tu alma. Y deja un espacio para los sentimientos que te hacen humano: odio, rabia, miedo y desorientación. Cumple con tu camino, intégralos y conviértelos en amor, "Amor incondicional".*

Y después de tus palabras, solo puedo pensar que la limpieza continua, que estamos siendo preparados para algo más elevado que aún no conocemos. Gracias, mi querido Ángel, por orientarme y abrirme los ojos a ese "yo" que intento negar por ser una parte de mí que no acepto. Gracias por acercarme a los Seres de Luz que hacen de la vida una escuela más agradable para las lecciones que aún quedan por llegar.

## El día del cambio

*Y su mirada se transformó,*
*agarró una estrella, y la hizo suya,*
*fundiéndola en sus ojos.*

*Y desde aquel día,*
*todo fue luz, todo fue alegría,*
*… y dio gracias a la noche.*

*Y cambio al susurrar,*
*ya no valían los gritos,*
*su voz emanaba silencio,*
*paz, armonía y amor.*

*Y desde aquel día,*
*todo fue música,*
*un suave murmullo,*
*… y dio gracias al silencio.*

*Y pudo besar… con amor,*
*acariciar… con amor,*
*hablar… con amor,*
*mirar… con amor,*
*y sentir… solo amor.*

## Descubrirte a ti... mi Ángel

*Temores que adormecen esta física existencia,*
*miedos, sinrazones, sonidos de la conciencia,*
*sin permitir que nos guíe la más bella palabra,*
*esa que florece y que desde el corazón nos habla.*

*Más razón y privilegio le damos a la duda,*
*al desencanto, al pesimismo, a la seguridad mundana,*
*dejando la sonrisa, olvidando una mirada,*
*sin escuchar esos sonidos que sabemos salen del alma.*

*El porqué de nuestra vida, el porqué de las desgracias,*
*un ¿cuándo cambiara todo?, ¡aún tengo esperanzas!,*
*preguntas, solo preguntas... palabras, solo palabras,*
*sin dar un paso seguro, esperando respuestas vanas.*

*El futuro, decisiones. Nos preocupan y nos atan,*
*el pasado, un saco lleno... ¡Dura y pesada carga!,*
*dos barreras del destino que de pararnos tratan,*
*haciendo del presente una experiencia amarga.*

*Un Ángel, nuestro Ángel, que nos ayuda a inventar,*
*el castillo del presente, la verdadera libertad,*
*la sonrisa imperturbable del que quiere y sabe amar.*
*Alma... espíritu... corazón... felicidad...*

*Ángel que en mi resides, acaricia mi caminar,*
*del pasado borra mis huellas, del futuro la inseguridad,*
*de tus alas dame aire limpio que me ayude a volar,*
*de tu luz toda la fuerza, y de tus manos...la bondad.*

## Luz y vacío... conversaciones con mi Ángel

*–¿Luz...? ¿Vacío...?*
Te busco y no te encuentro...
*–¿Estás ahí?...*

–*Sí, veo luz, pero en la lejanía* –Quizás porque ella se aleja de mí, quizás porque soy yo el que me alejo de ella.

¿Falta de confianza...? ¿Poca fe...?

Dudas que no se despejan y mantienen la mente ocupada. Pensamientos inconexos que viajan del corazón a la mente, y de nuevo regresan al corazón, pero sin respuesta. ¿Por qué siempre espero una respuesta, una solución, un camino...? ¿Por qué después de la paz interior, de la armonía, de la fe casi ciega, caigo de nuevo en las dudas? ¿Acaso no eran reales esos sentimientos...? ¿O, solo eran una ilusión?

–*Si, ya lo sé, soy humano. Pero ¿qué hace falta para conseguir paz y armonía?*
Todas las respuestas las tengo yo, pero esta no la encuentro.

–*¿Todo se reduce a eso... una ilusión?*
¡Auto convencimiento! ¡Todo está bien! ¡Es mi destino! ¡Lo he elegido yo! ¡Es lo mejor para mi aprendizaje! ¡Debo aceptarlo!...

¡Aceptación, aceptación, aceptación!...
–*¿Pero, no todo está bien?* –También tengo que aceptar el sentimiento de impotencia, los errores humanos o el miedo a pedir ayuda.

Confianza... Confianza en mí eterno amigo, el Ángel de la Guarda. Él siempre está a mi lado, siempre me ayuda y me da apoyo. Pero, ¿Qué hago cuando no siento su presencia?, ¿Que hago para ese don divino vuelva a mí? Aun deseándolo, aun confiando, aun aceptando... el camino se hace largo y costoso. Y la vida, sigue a la suya, sin hacer caso de mi estado de ánimo o de cómo me siento en este momento...

Pensar con el corazón... escuchar al corazón... meditar con el corazón... Lucha interior que me recuerda cada mañana que soy humano, solo humano. Alma en un caparazón físico que me obliga a hacer unas tareas que no sé cómo hacer. Unas tareas que me dan sin explicación, como si alguien dijera –*¡Aquí tienes y espabila!* –Y a espabilar, y mejor aprender a la primera, porque si no, la siguiente es más dura. Gracias a Dios que tengo ayuda, que mi Ángel no se separa de mí, y que, aunque en algunos momentos no note su presencia y crea que me ha dejado, sigue dándome pistas de cuál es el camino correcto.

A fin de cuentas, fui yo el que elegí ese aprendizaje, el que elegí de qué forma debía vivir esta vida humana, y que, debido a esto, no puedo echar las culpas a nadie más que a mí mismo... ¡Vaya dilema!

## Plumas divinas

Las alas de un Ángel son protección y calor de amor incondicional. Y las siento, en abrazo amoroso, cuando le pido ayuda.

"Plumas divinas" es el profundo agradecimiento por esos abrazos llenos de amor que mi Ángel me ha regalado desde su vibración espiritual o en los brazos de algún ser querido...

*Amor que feliz alumbra mi presente,*
*desatas un incendio de una chispa de pasión,*
*sangre que hierve y el corazón traslada,*
*filtras en mi vida nubes de color.*

*Visión que apenas un momento dura,*
*explosión de alegría, destello de ilusión,*
*ventisca que arrastra y no regresa,*
*deseos de probar de nuevo tu sabor.*

*Luz divina que acompaña mi camino,*
*arrullo de seda, suspiro de emoción,*
*amigo que todo da y nada espera,*
*eres lluvia y limpias mi imperfección.*

*Plumas que recogen pesares y llantos,*
*acaricias con tus manos cada desamor,*
*ojos que lloran conmigo mis penas,*
*avivas con susurros de esperanza mi ilusión.*

# Lemuria... el principio
## Un mensaje de Raziel

*Cada criatura, al nacer,*
*nos trae un mensaje de Dios:*
*"Todavía no pierdo la esperanza en vosotros"*

*(Rabindranath Tagore)*


## Mensaje de Raziel

Desde que recibo mensajes de los Ángeles he adquirido el saludable hábito de hablar cada día con mi Ángel Guardián y alguno de mis "otros" acompañantes. Y todas sus respuestas suelen llegar a través de símbolos que, casi siempre, se deben interpretar. Es algo bastante común que la información se presente por un amigo, leyendo un libro o viendo alguna película, y siempre de forma "casual".

A medida que avanzaba y aprendía a ver la divinidad en todo lo que existe, me adentraba sin darme cuenta, en mi propia alma, y el amor de Dios invadía por completo todos mis pensamientos y sentimientos. Y con cada lección que se presentaba, sentía más intensa y más cercana la ayuda y la mano de los Ángeles.

Todo en mi vida se convertía en motivo de alegría. Las cosas buenas llenaban mi alma y las experiencias negativas me enseñaban, me hacían superarme y se convertían también en motivo de alegría. Y así, un día, los mensajes empezaron a cambiar. Las respuestas eran directas, claras y precisas. Oía exactamente lo que tenía que oír sin necesidad de interpretación alguna. Empezó en las terapias, en las consultas y en los momentos que me ocupaba del "cuidado del alma", y creció hasta presentarse en cualquier momento de mi vida. Cuando necesitaba de alguna respuesta, consejo, palabras de consuelo o de ánimo, esas palabras aparecían sin esfuerzo alguno, resolviendo mis inquietudes o las de las personas que acudían a mí. Imágenes del pasado, del presente y del futuro se unían sin que el tiempo influyera en los mensajes.

En todo este tiempo he seguido la guía y el camino que ellos me han ido marcando, sin preguntar, aunque en ocasiones dudando de todo lo que estaba ocurriendo. Y con fe, poco a poco, las cosas se colocaban en su lugar, el camino se iba abriendo y todo iba fluyendo de forma mágica, de forma milagrosa.

Hace algunos meses, en una de mis meditaciones, incorpore a mi Ángel de la Guarda. Durante la incorporación noté algo diferente, sentí una energía más pesada y como un fuego que entraba y anulaba mi fuerza. Me vi lleno de luz, una luz que salía por los poros de mi piel y hacía que todo se convirtiera en luz blanca y dorada. De repente me sentí muy cansado y me desvanecí. Al despertar, la luz había desaparecido, y mientras recuperaba la conciencia empecé a oír una voz muy clara y suave, una voz llena de una paz indescriptible.

La voz me hablaba, me susurraba al oído y me llamaba. Y mientras recuperaba la conciencia y me aseguraba de estar completamente despierto, esa voz seguía tranquilizándome.

–*Relájate, no te asustes… No estás soñando, escúchame…, tranquilízate y escúchame.*

Después de unos segundos, la voz dijo:

–*Hace algún tiempo, cuando estabas derrotado, cuando te sentiste sumido en la oscuridad y el vacío interior, encontraste el amor del Cristo. Él te abrazó, sanó tu corazón y en su presencia, abriste los ojos y aceptaste la Luz. En ese mismo momento tomaste la decisión de crecer, aprender y "servir" a los demás. De transmitir el mensaje de amor, paz y felicidad que Él te había regalado. ¿No es cierto?…*

Después de un breve silencio la voz prosiguió…

–*Ahora ha llegado el momento de cumplas esa misión. Y para eso, te vamos a ofrecer la ayuda que necesitas. Yo soy Raziel, el Arcángel de los misterios de Dios. Y a partir de ahora siempre estaré a tu lado con Miguel. Te ayudaremos y te protegeremos para que transmitas la información que debes dar a conocer.*

Después de esta corta presentación empezó a hablarme del principio de los tiempos, del Jardín del Edén y de las civilizaciones perdidas, especialmente de Lemuria (Moo), de su historia, cultura y espiritualidad. De los Seres de Luz y los Templos de Cristal; de los lugares Sagrados y de cómo llegar a ellos.

Me explicó todo lo que debía saber de los Ángeles y Arcángeles de Lemuria, y lo más importante, de cómo pedirles ayuda. Finalmente me enseñó la primera parte de los "siglios" de los Ángeles de Lemuria y cómo utilizarlos. En una de las últimas conversaciones con Él, me dejo este mensaje:

*Ha llegado el momento de que caminéis en la conciencia absoluta; en la Luz, pero aceptando la parte de oscuridad que hay en cada uno de vosotros; ya que, solo así, podréis elevar la conciencia colectiva de los seres humanos y así, salvar el planeta, vuestra Madre Tierra.*

*No vale de nada que escuchéis los mensajes, que los estudiéis o que entréis en ellos intentando exprimir toda su esencia si no lleváis a la práctica ni el más pequeño de los rituales de auto crecimiento y espiritualidad. O si no hacéis presentes en este plano físico a los Seres de Luz, especialmente a los Ángeles. Pedid a los Ángeles, a vuestro Ángel Guardián, que os ayude a aceptar la Luz y la oscuridad, porque las dos son parte de Dios. Y que os ayude a hallar vuestra felicidad a través de la santidad de vuestros actos. Aceptando vuestra parte humana y mundana, vuestra parte física y material que lleva escrita la imperfección en cada una de vuestras células. Sois humanos y por lo tanto imperfectos. Pero es así como Dios os creó, y es así como Él os ama.*

*Nuestros mensajes no son, ni deben ser, actos de fe en Dios, sino actos de fe en vosotros mismos. Deben ser palabras que se fundan en vuestros corazones, sentimientos que hagan vibrar vuestra alma, y emociones que os unan para hacer crecer la comunidad de Hermanos de Luz, y así, encontrar el camino hacia un mundo diferente, más feliz y mejor.*

*Todo lo aquí escrito es un regalo para vosotros en esta nueva "Era de la Luz Cristal". Es una nueva oportunidad de espiritualizar la humanidad sin nombres ni apellidos de religiones y sectas que os distraen de la verdadera esencia del alma humana. Tomad lo que vuestro corazón sienta y anhele, ya que eso es lo que en esta vida debéis conocer.*

*¡Takta Bálak'iil!*
*¡Hasta que volvamos a encontrarnos!*

A continuación, están los mensajes y conocimientos que a través de comunicaciones directas y mediúmicas transmitió el Arcángel Raziel. Pero como Él dijo:
*–No leas todo esto… llévalo hasta tu alma, siéntelo y vívelo día a día.*

# Lemuria

## ... de las civilizaciones perdidas

Todo lo relacionado con estas dos desconocidas civilizaciones solo se puede basar en algunos informes arqueológicos, leyendas, teorías reunidas por historiadores y canalizaciones mediúmicas. Aun así, os puedo asegurar que existieron dos civilizaciones perdidas: Atlantis (la Atlántida) en el Océano Atlántico, y Lemuria (Mu) en el Pacifico.

Lemuria existió aproximadamente del 75.000 al 10.000 a.C., y coexistió con Atlantis. Ambos continentes tenían vínculos culturales y espirituales que compartían por tradición y por su constante comercio. A raíz de su desaparición y la masiva emigración que eso provocó, fueron el punto de partida de las "culturas antiguas" conocidas (egipcia, celta, oriental, esenia, maya, preinca, etc.).

La Atlántida y Lemuria fueron la dualidad de la experiencia divina, ya que energéticamente un continente representaba la energía femenina (Lemuria) y el otro a la masculina (Atlántida). Ambas culturas estaban muy unidas a los Seres de Luz, especialmente a los Ángeles, con los que convivían y colaboraban de forma muy estrecha. También estuvieron ligadas de forma muy directa a algunos mamíferos marinos, especialmente a las ballenas, orcas y delfines con los que se comunicaban telepática y vibracionalmente.

Gracias a este vínculo, y a su contacto directo con los Ángeles, aprendieron y desarrollaron formas de diagnóstico y sanación energéticas, y la técnica de codificación de los cristales de cuarzo y otros minerales cristalizados con códigos llamados códigos delfín o "Pixan pisib". (Base y principio de Ka'ambesah Yaakunah)

## Ka'ambesah Yaakunah

Yaakunah es el sistema de diagnosis y sanación a través de cristales de cuarzo y obsidiana, utilizado por los maestros y sacerdotes lemurianos. Es la energía activa del amor de Dios a través de la vibración de los Ángeles, sus mensajeros. Este conocimiento fue transmitido y llevado por todo el mundo después de la destrucción de Lemuria y en cada lugar se fue transformando en diferentes técnicas y terapias energéticas sanadoras utilizadas por magos, druidas, médicos y chamanes.

En la actualidad, gracias a canalizaciones mediúmicas, se ha recuperado en su forma original. Desde su principio básico (Reiki lemuriano) que utilizaban todos los habitantes de Lemuria, hasta las técnicas más complejas solo usadas por sacerdotes, maestros y Ka'ambesah Yaakunah del Templo de cristal. Ka'ambesah Yaakunah significa en idioma lemuriano "Maestro del Amor".

## La desaparición de Mu

Ambas civilizaciones se autodestruyeron a causa de la codicia y el deseo de poder de algunos de sus gobernantes, algo que estaba escrito en muchas de sus profecías.

Lemuria era el nombre de la última parte del gran continente de Mu. Su decadencia empezó en el 30.000 a.C. y quedó totalmente sumergida entre el 12.000 y el 10.000 a.C. justo antes de la destrucción de la Atlántida (9.000 a.C.). El Concejo de Sabios y Maestros de Lemuria sabían que se aproximaba la desaparición de su continente, de su raza y de su cultura. Algunos de los Maestros, que por su ambición y su ansia de poder trabajaban en la oscuridad, seguían sus experimentos sin escuchar las advertencias de los científicos y sabios, y sin sospechar lo que estaban a punto de provocar.

Los Sacerdotes y Maestros que trabajaban en la Gran Hermandad de Luz, empezaron a preparar los Cristales Sagrados (cristales energéticos y de sanación) y los Cristales Madre y Semilla, donde se guardaba codificada toda información y los documentos de todas las bibliotecas del continente de Mu. El Sagrado Concejo de la Gran Hermandad de Luz eligió a algunos Sacerdotes y Maestros y les preparó para que viajaran a diferentes lugares del planeta en las naves flotantes (naves impulsadas por energía lumínica - cristales de cuarzo - que se empleaban para el comercio entre las colonias: Lemuria ↔ Atlantis) con la misión de crear escuelas en las que se enseñara esta sabiduría espiritual por todo el mundo para preservar sus conocimientos y su espiritualidad. Uno de los elegidos fue el maestro Aramu-Muru, Sumo Sacerdote del Padre Celestial, al que le asignaron la misión de llevar los Rollos Sagrados y el Disco Solar de oro al "Gran Templo de Cristal" de Atlantis. Pero justo antes del viaje, el Sagrado Concejo recibió información de que la Atlántida iba a correr la misma suerte que su continente y que también iba a desaparecer. Así que cambiaron el destino del viaje y decidieron que los llevarían a una zona montañosa de un lago recién formado (Lago Titicaca).

El Señor Aramu-Muru, acompañado por su aspecto femenino, Arama-Mara (Suma Sacerdotisa de la Madre Tierra) viajo durante muchos años por la zona andina y en todos los lugares que visitaba aprendía cosas nuevas. A lo largo de los años se encontró en muchas ocasiones con maestros y sacerdotes que habían escapado de las catástrofes, con los que compartía experiencias y conocimientos.

Finalmente decidió, junto a Arama-Mara y a algunos maestros lemurianos, formar una nueva hermandad recuperando el nombre de la Gran Hermandad de Luz de Lemuria. Y en lo más alto de unas ruinas que en algún tiempo estuvieron al nivel del mar, ordenó que se construyera un monasterio con gigantescos bloques de piedra cortados por la energía lumínica primaria (Cristales Sagrados). El valle donde se construyó el Monasterio de la Gran Hermandad de Luz se conoce como el "Valle de la Luna Azul", en el lado peruano del lago Titicaca.

Los Maestros elegidos de Lemuria se dirigieron a muchos otros lugares del mundo estableciéndose y construyendo templos y escuelas, con la misión de compartir los conocimientos secretos que habían sido escondidos. Pero con la premisa de no revelar los secretos hasta que los hombres crezcan espiritualmente lo suficiente, para estudiar y poder utilizar de nuevo la Luz y la Verdad.

### El disco solar

El Disco Solar de Mu no estaba hecho de una aleación de oro normal, sino de un metal parecido al oro tratado y transformado física y energéticamente. Poseía unas cualidades excepcionales como la de ser casi traslucido e invisible a los ojos no entrenados. Estaba en la bóveda principal del Gran Templo de Cristal de Lemuria, sujeto al techo de la Sala de Dios, por cuerdas del mismo material. Bajo él y sobre un altar de cristal de cuarzo, se encontraba el "Cristal Madre" (octógono regular de cuarzo de 1 metro de diámetro) de donde surgía la "Luz ilimitada de Dios". Alrededor del año 30.000 a.C. esa Luz se apagó a causa de la oscuridad de algunos sacerdotes y científicos de Lemuria. De esta forma se confirmaban las antiguas profecías, la desaparición del continente de Moo.

### Los doce reinos

Mu, al igual que Atlantis, estaba dividido en doce reinos, y cada uno de ellos estaba gobernado por un Elke (rey), un Consejo de Ancianos formado por doce Sabios o Lak-ilich (también llamados Naacales o hermanos santos) y por uno de los "Doce Ángeles Maestros", que lo tenían bajo su tutela y protección especial.

Cada uno de estos reinos tenía una tarea o camino específico dentro del Gran Concejo de Lemuria. Estos caminos son los que actualmente siguen los iniciados de la Gran Hermandad de Luz.

| LOS DOCE CAMINOS | ARCANGEL | ANGEL MAESTRO |
|---|---|---|
| Guardianes de lugares | Chamuel | Luz de Dios |
| Guardianes de la paz | Miguel | Espada divina |
| Guardianes de la verdad | Zadquiel | Justicia de Dios |
| Guardianes de la sabiduría | Gabriel | Mensaje divino |
| Guardianes de la salud | Rafael | Misericordia de Dios |
| Guardianes del orden | Metatrón | Verdad divina |
| Guardianes del alma | Uriel | Llamada divina |
| Guardianes de la cultura | Raziel | Naturaleza |
| Guardianes de objetos | Haniel | Corazón de Dios |
| Guardianes de rituales | Raguel | Sabiduría divina |
| Guardianes de la luz | Miguel Sealthiel | Exorcismos |
| Guardianes del laberinto | Jofiel | Tiempo |

## El Templo de cristal

El centro espiritual, social y político de Moo era el Templo Sagrado de Cristal. El complejo en el que se hallaba, constaba de una gran plaza en la que había un mosaico con una gran estrella de seis puntas (estrella de Salomón) dentro de dos círculos y un triángulo y cuatro pentagramas; un templo central o Gran Templo de Cristal con tres alas; y dos templos laterales, dedicados a los Ángeles Maestros y a los Ángeles Reales respectivamente. La entrada principal y las alas del templo central estaban rodeadas, respectivamente, por 36 columnas: 12 dedicadas a los Arcángeles, 12 a los Ángeles Maestros y 12 a los Ángeles Reales.

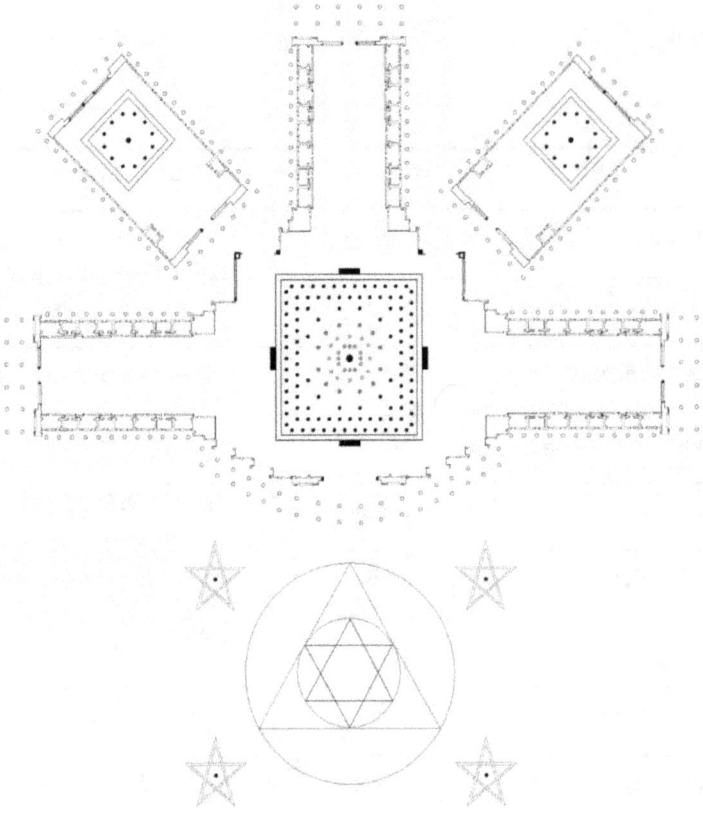

Templo de Cristal de Lemuria con la Gran plaza y los Templos laterales

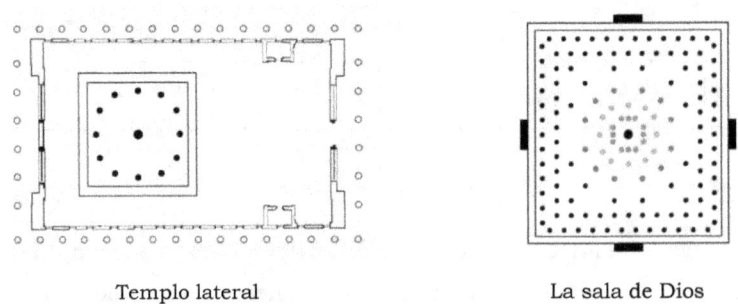

Templo lateral                                    La sala de Dios

El Gran Templo de Cristal tenía un santuario central en el que se encontraba la "Sala de Dios", una sala de cristal de cuarzo cerrada sin puerta y sin ningún acceso físico. En esta sala estaba el Cristal Madre (Cristal Central del Templo Sagrado) y los 144 Cristales Maestros de Fuego de cada uno de los Ángeles de Lemuria.

En una de las salas de la parte central también estaban los santuarios dedicados al sol, a la luna, a los doce planetas (las estrellas) y a los doce caminos.

En las alas del complejo había un salón de reuniones para el Consejo de Ancianos y Ka'ambesah Yaakunah (Maestros y sacerdotes de alta vibración); una biblioteca completa; salas de sanación, de las que la más grande era la sala de sanación "Estrella de los Delfines", que estaba bajo la supervisión de los Ángeles, y que estaba dedicada, casi por completo, a las terapias a distancia; habitaciones con "Cristales de Luz" para equilibrar la energía, activar el "Kah" (energía vibratoria divina) para incorporar los Seres de Luz y sanación del Sistema nervioso; y salas de trabajo social y de música.

En el jardín del complejo había una gran fuente, y una puerta dimensional que servía de nexo de unión con los otros Templos de Cristal.

Todos los habitantes de Lemuria acudían a este templo diariamente para orar y comunicarse con los Ángeles. Solo los Elkes, Lak-ilich y Ka'ambesah Yaakunah tenían acceso a la "Sala de Dios" y a todos los Cristales Sagrados, ya que solo se podía entrar con una "llave codificada" y el conocimiento del desdoblamiento.

En la gran plaza del Templo de Cristal se realizaban los rituales comunitarios. Una vez al mes, se realizaba el ritual con más fuerza y más poderoso, el "ritual de Sanación de los Ángeles y Arcángeles de Lemuria".

## La sanación de los Ángeles

En Lemuria, los rituales con los Ángeles eran algo cotidiano. Los Ángeles formaban parte activa e integrante de las familias y de sus vivencias. La espiritualidad y lo material no estaban separados, formaban parte de la vida de cada persona, siendo tan normales las tareas o trabajos como la oración y los rituales de conexión con los Seres de Luz.

La conexión con los seres de Luz, la incorporación de los Ángeles y el Yaakunah básico (Reiki lemuriano) se practicaban en todos los hogares y por todos sus miembros sin diferencias de edad o sexo.

Pero el ritual con más fuerza y con más poder que se realizaba era el "Ritual de Sanación de los Ángeles y Arcángeles de Lemuria". En él participaba todo el pueblo lemuriano, y estaba presidido y dirigido por los doce Elkes, todos los Lak-ilich del Consejo de Ancianos, los Ka'ambesah Yaakunah y los sacerdotes y sacerdotisas del Templo de Cristal. Este ritual se realizaba especialmente para todos los que tenían algún defecto físico o alguna enfermedad extraña, ya que el hombre de esa era, no era como el de ahora (era un homínido en evolución y con muchos defectos y problemas físicos. De ahí la necesidad de estos rituales de sanación).

En todos los rituales mayores, los maestros y sacerdotes utilizaban los cristales de sanación de los 144 Ángeles del templo y la técnica espiritual vibratoria más elevada: Ka'ambesah Yaakunah.

# Lugares Sagrados
## Segundo mensaje... meditaciones e iniciaciones

*Mi camino es el de la paz y el perdón,*

*el de la comprensión y la aceptación.*

*Y sabiendo de mi parte humana e imperfecta,*

*intento llevar el amor impersonal*

*a todos mis actos.*

*Y desde ese amor,*

*acojo a las personas que Dios me envía*

*para seguir aprendiendo...*

*(M.P.J. Manannán)*

## Lugares Sagrados y energéticos

### Doce... un número sagrado

Desde la creación, el sistema de "base doce" ha llevado la fuerza y la energía de la Divinidad. Doce son los Arcángeles de Dios, los Ángeles Maestros y los Ángeles Reales. Doce eran los reinos de Lemuria, los Apóstoles más cercanos a Jesús y los Caballeros de la mesa redonda del Rey Arturo...

También... 12 meses, 24 horas (12 horas de oscuridad y 12 de luz), 12 energías zodiacales, 12 guardianes de la tierra, 12 portales dimensionales de la tierra, 12 ángulos de la cruz de Jesús (o de la cruz Celta y la cruz Inca...) y Jacob, que tuvo 12 hijos que fundaron las 12 tribus de Israel... o las 12 fibras de nuestro ADN, aunque la ciencia vea solo 2 filamentos, hay 10 más dentro de la estructura de las 2 fibras visibles.

Si multiplicamos 12 x 12 resulta 144, que son los Ángeles de Lemuria y nos recuerda los 144.000 mencionados en el Apocalipsis de San Juan (Ap. Jn.7, 4): "Y oí el número de los señalados: ciento cuarenta y cuatro mil señalados de todas las tribus de los hijos de Israel".

Hoy sabemos que en esta nueva era del "Espíritu Santo" la energía Crística habitará en 144 hombres y mujeres que la darán a conocer para reconectarnos con el camino de equilibrio y espiritualidad del alma.

Los 12 Guardianes de la tierra son 12 cristales que alinean los campos magnéticos del planeta. También guardan información de la frecuencia energética de la Madre Tierra, y están preparados para el renacimiento de la conciencia de Luz. Estos cristales también son llamados Cristales Lemurianos Sagrados.

Finalmente, si reducimos el número 12 a su principio, según la cábala o numerología, nos da como resultado 3, representación de la trinidad, existente en todas las culturas y religiones del mundo, y el más importante de los números sagrados junto al 9 (3 veces 3).

## Lugares sagrados y energéticos

La tierra está cubierta por líneas magnéticas y energéticas que forman una gran red. Las líneas con mayor potencia y flujo de energía se llaman "líneas dragón" o "líneas de luz", y actualmente se conocen como "líneas ley". Estas líneas se unen en vórtices magnéticos (energéticos) como círculos de piedras, iglesias, monumentos megalíticos o montañas. A estos vórtices se les llama lugares energéticos.

Algunos vórtices o lugares energéticos han ido cambiando desde la creación de la tierra, igual que su posición magnética (del eje y de los polos). Y así en cada era, aquellos que sabían de estas energías, construían un Lugar Sagrado en el punto energético que descubrían. Por esa razón, en casi todos los Lugares Energéticos hay un Lugar Sagrado.

Actualmente, los doce Lugares Energéticos de nuestro planeta son: el volcán Kilauea [1] (Hawái), el Monte Shasta [2] (EEUU), Teotihuacán [3] (México), Chavín de Huantar [4] (Perú), Machu Picchu [5] (Perú), el Lago Titicaca [6] (Bolivia / Perú), "El Tor" en Glastonbury [7] (Inglaterra), Stonehenge [8] (Inglaterra), la gran pirámide de Keops [9] (Egipto), Kuh-e Malek Siah Kuh [10] (Persia - Irán), el Monte Kailash [11] (Tíbet), Uluru o Ayer's Rock [12] (Australia).

De estos centros energéticos siete son los chacras del planeta en esta era (era Crística o del Espíritu Santo):

1° chacra  ⇨  Monte Shasta (EEUU).

2° chacra  ⇨  Lago Titicaca (Perú).

3° chacra  ⇨  Uluru o Ayer's Rock (Australia).

4° chacra  ⇨  "El Tor" en Glastonbury (Inglaterra).

5° chacra  ⇨  Pirámide de Keops (Egipto).

6° chacra  ⇨  Kuh-e Malek Siah Kuh (Persia).

7° chacra  ⇨  Monte Kailash (Tíbet).

El KI de la tierra  ⇨  Chavín de Huantar (Perú).

## Sellos del Arcángel

Son los sellos de sanación y transformación que unen la energía de la Madre tierra con la de los Arcángeles. Con estos sellos podemos crear un campo de fuerza capaz de sanar y transformar cualquier energía.

Sellos del Arcángel

Trabajando los cambios vibracionales, también llamados "latidos", en los centros energéticos o chacras, se amplifica el poder de la energía de la Tierra. De esa forma, podemos lograr suavizar, o incluso eliminar, algunos conflictos y la energía destructiva de algunos seres humanos.

## El volcán Kilauea

El Kilauea, en Hawái, es uno de los pocos volcanes que tiene un lago de lava permanente. Está situado en la parte sur de la isla de Mauna Loa. Tiene una altura de 1.122 metros, y es, para los nativos, el hogar de la diosa del fuego.

Su potencial como volcán no está relacionado con su altura ya que está activo y en casi permanente erupción desde el año 1983. Otra asombrosa característica del Kilauea es el cráter Pu'u 'O'o, que acumula lava durante días sin poder expulsarla. Al crecer la presión y la cantidad de lava acumulada, explota formando una gigantesca columna de lava que puede llegar a los 300 metros de altura.

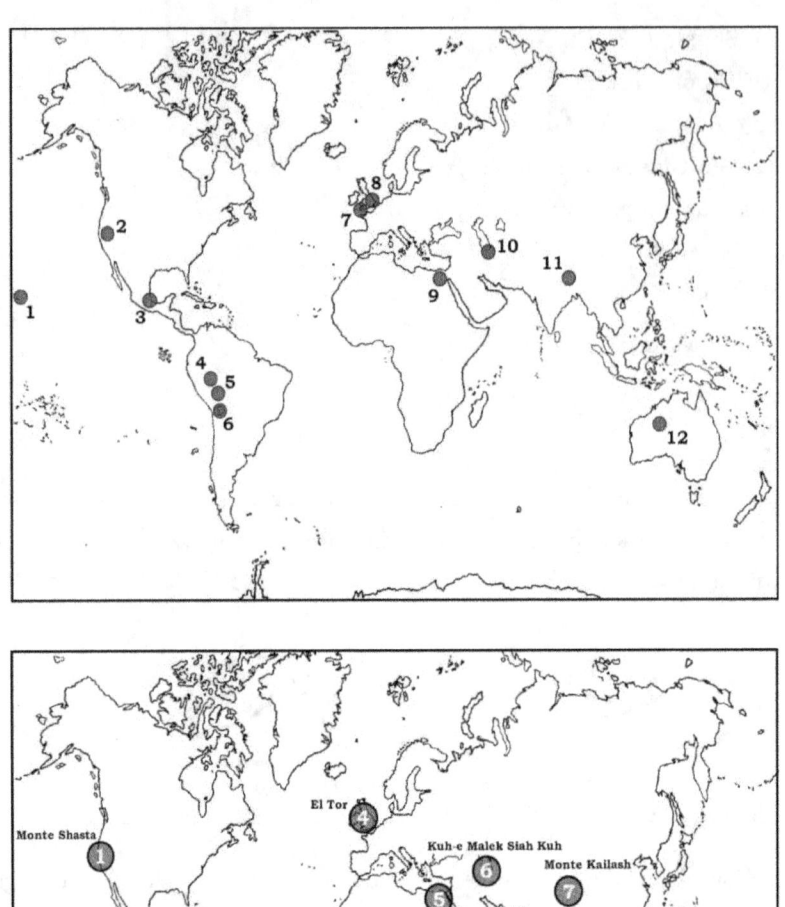

Lugares energéticos, el "Ki" y los chacras del planeta en esta era

## El Monte Shasta

El Monte Shasta está ubicado en el extremo norte de Sierra Nevada, al norte de California. Es el cono de un volcán extinguido que se eleva a una altura de más de 4.316 metros sobre el nivel del mar y es volcán más grande de la parte continental de los Estados Unidos. Es el emplazamiento del 1er chacra de la tierra en esta era. Es uno de los lugares sagrados y una fuente mística de poder. Un centro de Ángeles, Espíritus guías, y Maestros de Luz. Fue el hogar de algunos de los sobrevivientes de la antigua Lemuria. Algunos clarividentes, dicen que el monte Shasta está envuelto por una pirámide púrpura gigante.

## Chavín de Huantar

El Templo de Chavín de Huantar, en Perú, está situado a 3.177 metros sobre el nivel del mar, en la Sierra Oriental de Ancash al este de la Cordillera Blanca. Fue la capital de la cultura Chavín fue construido aproximadamente en el año 327 a.C.

En su interior podemos encontrar el Lanzón Monolítico (Dios irritado), piedra tallada de 5,53 metros de altura que también se le conoce como "wanka", que en quechua significa "piedra de poder".

Según dicen los nativos, cada vez que han intentado sacar el Lanzón de la tierra, se ha producido un temblor, por lo que finalmente lo han dejado en su lugar original. También, algunas informaciones mediúmicas, describen el lugar donde está "clavado" el Lanzón como el centro energético más importante de la tierra, el lugar donde esta del "Ki" de nuestro planeta en esta era ya que ha ido cambiando de lugar energético a través del tiempo. En el sitio arqueológico también se encuentran el Obelisco Tello (Dios hermafrodita), la estela Raimondi (Dios wiracocha, Dios de los dos báculos) y las cabezas clavas.

## El lago Titicaca

El lago Titicaca está situado en los Andes centrales, a una altura de 3.812 metros sobre el nivel del mar entre Bolivia y Perú. Tiene un área de 8.562 km² y un diámetro de 1.125 km. Su profundidad máxima se aproxima a los 281 metros. Y es el emplazamiento del 2° chacra de la tierra en esta era.

En la parte peruana del lago, a pocos kilómetros de la ciudad de Juliaca, se encuentra una puerta dimensional llamada "portal de Aramu Muru", o "Hayu Marca" (puerta de los dioses). Una gran roca pulida y esculpida en forma puerta de 7 metros de lado que tiene en su parte inferior, un hueco suficientemente amplio para que entre una persona. Según cuenta la leyenda por esa puerta escapó el Señor Aramu Muru para esconder y proteger de los incas y los españoles el "Disco Solar de oro". Después de eso, no fue visto nunca más.

## "La Leyenda de Manco Cápac y Mama Ocllo":

Esta leyenda la dio a conocer el Inca Garcilaso de la Vega (1539 - 1616) hijo de un capitán español Sebastián Garcilaso de la Vega y de la ñusta Isabel Chimpu Ocllo, nieta de Túpac Yupanqui. La familia materna del Inca Garcilaso de la Vega que pertenecía a la nobleza inca fue la que le proporcionó información de primera mano sobre los orígenes del pueblo inca:

Cuenta esta leyenda que el Dios Sol, compadecido del estado de barbarie y anarquía en que vivían los pueblos, envió a sus hijos Manco Cápac y Mama Ocllo, con el fin de unirlos y enseñarles a los hombres el arte de buen vivir y el culto al sol. El Dios Sol les dijo:

*–Les entrego una barrita de oro, encargándoles que por donde vayan intenten introducirla en el suelo y en el sitio donde se hunda, funden la capital de Imperio y rediman a las gentes.*

Y obedeciendo el mandato divino, la pareja salió de una de las islas del lago Titicaca y se dirigió hacia el norte en busca del sitio donde establecerían la cuidad imperial.

Después de varios días de viaje y de intentar hundir la barrita en el suelo, llegaron al cerro Huanacaure y allí la barrita se hundió. Y en ese lugar, Manco Cápac y Mama Ocllo fundaron la capital del Imperio Incaico. Entonces Manco Cápac dijo a los naturales de ese lugar y otros aledaños:
*–Mi padre el Dios Sol nos ha enviado para que seamos vuestros maestros y bienhechores...*

Manco Cápac enseño a los hombres los secretos de la agricultura, del cultivo de la tierra, el sembrío de las semillas y la fabricación de instrumentos necesarios para esos trabajos. También les enseñó a construir sus casas, los caminos, sus acueductos, etc.

Mama Ocllo enseñó a las mujeres a hilar y a tejer, a confeccionar vestidos y realizar labores domésticas, como cocinar, lavar, etc. Así empezó la legendaria civilización de los incas, según la leyenda del lago Titicaca.

## La leyenda del origen del lago Titicaca:

Se cuenta que, en la ciudad de Chucuito, cubiertas actualmente por las aguas del lago Titicaca, existía una floreciente población. Un día llego una forastera cargando en su espalda una gran tinaja de barro o "huakulla" con una tapa bien ajustada.

Vencida por la fatiga, pudo alojarse en una casa después de muchas suplicas.

Al día siguiente, muy temprano, quiso continuar su viaje, en realidad había pasado una mala noche por falta de una cama y alimentos, ya que la habían alojado en un rincón de la cocina y no le habían dado de cenar. No tenía la fuerza ni la energía necesarias para llevar la tinaja "huakulla", y les pidió a los dueños de la casa que le permitieran dejar la tinaja. Finalmente, se lo permitieron, y ella les dijo que por favor no la destaparan y que tuvieran mucho cuidado con ella.

A varias personas de la comunidad les picaba la curiosidad y se preguntaban que había en la tinaja, y porque les había pedido que no quitaran la tapa. Y no pudieron soportar tanto tiempo la inquietud y con la esperanza de hallar algo muy valioso quitaron la tapa. En ese momento vieron consternados que empezaba a brotar un violento chorro de agua que iba inundándolo todo. Con el agua salieron peces, gaviotas, flamencos, patos, chanchos, patillos, y todos los seres que en la actualidad viven en las aguas del lago Titicaca. Dicen que en ciertas horas de la noche y en determinados días de la semana se observa en el fondo de lago una ciudad desaparecida.

## El Tor

"El Tor" en Glastonbury, Inglaterra. Está situado en el monte sagrado de Ávalon, isla legendaria de la mitología celta (era artúrica), también llamada "Yns Witrin" (Isla de Cristal). Es una puerta dimensional para acceder a uno de los Templos de Cristal y es el emplazamiento del 4° chacra de la tierra en esta era.

Durante el reinado de Enrique II, el abad Hernry de Blois realizó una búsqueda que llevó al descubrimiento de un enorme ataúd de roble con una inscripción que decía: "Hic iacet sepultus iclitus rex Arthurus in insula Avalonia" ("Aquí yace sepultado el Rey Arturo, en la isla de Ávalon"). Los restos fueron trasladados en una gran ceremonia a la abadía de Glastonbury. Eso nos indica que la llamada leyenda del rey Arturo no es solo una leyenda.

## Stonehenge

Stonehenge se encuentra en el condado de Wiltshire, en Inglaterra. Es un monumento de la edad de bronce (2.500 a.C.) que está formado por un gran círculo de grandes megalitos. El círculo de arena que rodea los megalitos es la parte más antigua (3.100 a.C.).

En su comienzo era un monumento circular de carácter ritual rodeado por un talud y un foso de 104 metros de diámetro. Los bloques de piedra están distribuidos en cuatro circunferencias concéntricas. La exterior con un diámetro de 30 metros, está formada por grandes piedras rectangulares de arenisca que originalmente tenían dinteles, de las que solo quedan siete completas. El siguiente círculo está formado por bloques más pequeños de arenisca azulada. A este le sigue una estructura en forma de herradura de piedras de arenisca del mismo color. Finalmente, en el interior, encontramos una losa de arenisca micácea conocida como "El Altar".

## Machu Picchu

Machu Picchu o "Montaña Vieja" es el nombre que se da a una "llaqta" o antiguo poblado andino inca construido a mediados del siglo XV en un promontorio rocoso. Se encuentra entre las montañas Machu Picchu y Huayna Picchu, a una altura de 2.490 metros sobre el nivel del mar, en la Cordillera Central del Perú. Se trata de una ciudadela de carácter ceremonial y fue uno de los santuarios religiosos más importantes de los Incas. En él se encuentran el templo del sol y el de la luna, además de la piedra Intihuatana.

La piedra Intihuatana es una escultura monolítica labrada en piedra granítica, de 1 a 2 metros de altura y 2 metros de diámetro. Esta piedra se utilizaba como calendario astronómico y para definir las estaciones. Intihuatana es una palabra quechua que significa "donde se ata el sol".

## El Monte kailash

El monte Kailash en el Tíbet, conocido como la "la joya de las nieves", es un lugar sagrado y adorado por hindúes, budistas y sijs. Se considera el hogar de los dioses y punto de apoyo del universo. Y es el emplazamiento del 7° chacra de la tierra en esta era. A sus pies se encuentra el lago Mana Sarovar. Un lago sagrado, que tiene un diámetro de 88 km, un área de 320 km² y una profundidad de 90 metros. Además, al encontrarse a 4.556 metros sobre el nivel del mar, es el lago de agua dulce más alto del mundo.

## La gran pirámide de Keops

La gran pirámide Keops en el Cairo, Egipto, es la más grande de las pirámides de Giza. Fue edificada durante el reinado de Keops o de Koufou, reyes de la IV dinastía, entre 3.000 y 2.500 a.C. Y es el emplazamiento del 5° chacra de la tierra en esta era. Se supone que

Melquisedec o Enoch fueron los arquitectos que trazaron los planos (con la ayuda del Libro de Raziel). Por su altura, cercana a los 150 metros, y su base de más de cinco hectáreas, no es comparable a ningún edificio levantado por el hombre. Algunas de sus características extraordinarias son que: sus lados se orientan hacia los cuatro puntos cardinales, y el reflejo de las sombras da, con exactitud, las fechas precisas de los equinoccios y los solsticios; la suma de las dos diagonales de la base da como resultado, en pulgadas piramidales, los años que se requieren para que los equinoccios vuelvan a la misma posición y tengan lugar sobre el mismo punto; además, el pasillo descendente de la pirámide se inscribe en el ángulo exacto que hace la Tierra con la estrella polar.

## Uluru

Uluru o Ayer's Rock, en la zona central de Australia, es uno de los mayores monolitos del mundo con más de 348 metros de alto, 9,4 km de diámetro y 2.5 km bajo tierra. Es el 3er chacra de la tierra en esta era. Su superficie cambia de color según la posición del sol. Es particularmente famosa la imagen al atardecer, cuando se vuelve de un color rojo brillante. A pesar de que la lluvia es poco frecuente en esta zona, durante los períodos húmedos la roca adquiere una tonalidad gris plateada, con franjas negras debidas a las algas que crecen en los cursos de agua.

## Teotihuacan

Teotihuacán quiere decir "Lugar donde fueron hechos los dioses" o "Ciudad de los dioses". El complejo de Teotihuacán se encuentra al norte de México D.C. En ella se encuentran la Pirámide del Sol, la Pirámide de la Luna y el Templo de Quetzalcóatl. Todos ellos alineados en "La Calle de los Muertos" de unos 2 km de longitud. Por la cantidad de pequeñas pirámides de la ciudadela, se creyó en un principio que se trataba de mausoleos. La Pirámide del Sol es la más grande de Teotihuacán y de México. Los templos del Sol y de la Luna son centros energéticos en los que se pueden realizar rituales para equilibrar el Karma.

## Kuh-e Malek Siah Kuh

La cima Kuh-e Malek Siah Kuh es una cima que no supera los 1.700 metros de altura sobre el nivel del mar y se encuentra en Persia, en la confluencia de Pakistán, Irán y Afganistán. Y es el emplazamiento del 6° chacra de la tierra en esta era. Desde allí partieron los tres Reyes Magos o los tres Sabios de Oriente hacia Belén.

# Viaje al Templo de Cristal

## Los Tempos de cristal

En algunos de los Lugares Sagrados o Energéticos de esta era como el lago Titicaca, el "Tor" en Glastonbury (templo de Ávalon), el monte Shasta o la gran pirámide de Keops; existen Templos de Cristal dimensionales. En todos ellos se realizan entrenamientos y prácticas energéticas, en diferentes planos, así como sanaciones espirituales para los iniciados y los no iniciados de nuestro tiempo.

Todas estas tareas las realizan los "Trabajadores de Luz" o "Hermanos de Luz". Hombres y mujeres iniciados en diferentes sabidurías, espiritualidades y pertenecientes a diversas Órdenes o Hermandades, que luchan por el cambio y por la elevación de conciencia de nuestro planeta.

## Puerta de entrada al Templo de cristal

Para entrar en alguno de los Templos de Cristal dimensionales se necesitaba, hasta ahora, poseer un "don" especial que solo algunos iniciados, después de mucha práctica y entrenamiento, lograban desarrollar. Así, solo unos pocos podían descubrir la sabiduría que en ellos se encuentra.

Pero por la importancia que tiene, en este tiempo, elevar la vibración y la conciencia del planeta, el Arcángel Raziel nos acerca una de las muchas "puertas de entrada" que se están abriendo en esta era. Una puerta de sencillo acceso a estos Templos de Cristal para qué, de esta forma, más personas lleguen a ellos. Esta "puerta de entrada" también es la oportunidad de ingresar en la Hermandad de Luz y así poder encontrar el "para que" de nuestra existencia y como consecuencia, nuestro "camino de vida". De esta puerta de entrada Raziel nos dice:

*Para poder viajar hasta alguno de los Templos de Cristal, tenéis que realizar una meditación iniciática en la que invocareis tres veces a los "Guardianes Sagrados del Templo".*

*Si realizáis tres veces la meditación iniciática y no recibís respuesta de los guardianes, no encontráis el Templo o no podéis entrar, quiere decir que no es el momento apropiado para que hagáis este acercamiento espiritual.*

*Los guardianes, los maestros o los Ángeles os daremos alguna señal o vendremos a buscaros cuando sea vuestro momento. Debéis confiar en que nosotros sabemos cuándo vuestra alma está preparada para esta experiencia.*

*Para poder entrar en el templo es necesario pertenecer a la "Hermandad de Luz". Para ello solo necesitáis querer ser "Hermanos de Luz", estar en la búsqueda de vuestro camino espiritual o haberlo hallado, desear la senda del servicio a los demás, y realizar esta meditación iniciática. Si estáis dispuestos y convencidos, solo seguid las instrucciones de la meditación.*

## Meditación de iniciación

Busca un lugar donde te sientas tranquilo y en paz, si puede ser en la naturaleza. Puedes poner música o algún aroma que te guste. Invoca a tus Seres de Luz y diles que deseas que se queden contigo. Relájate y libera todas las tensiones. Respira profundamente tres veces y con cada exhalación, desconéctate de tu realidad física.

Escucha tu respiración, escucha el aire entrando y saliendo de tu cuerpo. Ahora, inspira a través de tu coronilla, la parte superior de tu cabeza. Cada vez que inspiras, observas que el aire que inspiras a través de la coronilla se convierte en luz blanca y dorada. Inspiras esa luz blanca y dorada y la llevas hasta tu corazón, y usando cada inspiración empiezas a llenar tu pecho de luz.

Sientes que con cada inspiración tu cuerpo se llena de esa luz blanca y dorada que entra a través de tu coronilla. Todo tu cuerpo se llena, hasta la última y la más pequeña de tus células. Cuando todo tu cuerpo está lleno de luz, visualizas que con cada exhalación la luz sale por los poros de tu piel iluminando todo, llenando todo de luz blanca y dorada hasta que te encuentras en un lugar en donde todo es luz blanca y dorada, solo luz blanca y dorada. *(Esperamos unos minutos respirando y observando la luz que nos rodea)*

Ahora, empiezas a ver como la luz blanca que te rodea empieza a desaparecer. Como si se tratara de niebla, lentamente se va disipando y va apareciendo una pequeña puerta de madera.

Ahora, frente a la puerta, invocas mentalmente tres veces a los "Guardianes Sagrados del Templo", para que aparezcan ante ti y te den permiso para entrar en el templo. Y cuando veas o sientas que están ahí, les dices que has oído la llamada, y que esa llamada te ha traído hasta aquí. Les dices que te gustaría visitar el Templo de Cristal, continuar tu camino espiritual y entrar en la Hermandad de Luz para ponerte al servicio de los Ángeles en todo aquello en lo que puedas servir.

Ahora esperas, y cuando los Guardianes te abran la puerta, la atraviesas.

Ahora, aparece ante ti un maravilloso jardín. Atraviesas el jardín hasta llegar a una gran plaza, y al final de la plaza, ves el Templo de Cristal.

Mientras atraviesas la plaza, te fijas que en el suelo hay un enorme mosaico que dibuja una estrella de David y algunos pentagramas a los lados.

Ahora vas llegando a la puerta principal del Templo, y ves como a medida que te acercas, la puerta se va abriendo.

Al entrar ves es una gran sala con el suelo de grandes baldosas de mármol, blancas y negras. Te adentras en el templo.

En el centro de la sala ves una columna sobre la que hay un cristal, un octaedro tan brillante que parece de hielo. Y en su interior una luz intensa parecida a una llama de fuego.

A la izquierda, cerca de la llama, ves una figura, un Ser de Luz que te saluda y tú haces lo mismo.

El Ser de Luz te señala hacia una puerta lateral, detrás de una gran columna. Mientras te diriges hacia la puerta, ves, al final de la sala, una columna de luz blanca y brillante, como un rayo de sol que se eleva hacia el universo. Llegas hasta la puerta, la abres y ves una biblioteca y sala de oración. Puede que veas Ángeles, Seres de Luz o monjes. Ellos son los cuidadores de esta biblioteca y los que dirigen las oraciones.

Un Ángel con un brillo especial se acerca a ti, te saluda, y te pregunta si quieres orar. Te colocas a su lado y rezas con Él. Mientras rezas, oyes como se dirige a ti y te llama "Hermano de Luz". Si te ha reconocido como su hermano de Luz, quiere decir que has sido admitido en la "Hermandad de Luz". Desde ahora, siempre que quieras, puedes venir a la biblioteca del templo a recogerte, orar o preguntar algo a los Ángeles o Seres de Luz.

Ahora ha llegado el momento de regresar. Y agradeces, la experiencia que has tenido. Agradeces el haber sido admitido en la "Hermandad de Luz", agradeces el regalo de conocer el Templo de Cristal o agradeces simplemente, sentir agradecimiento.

Y poco a poco, empiezas a tomar conciencia de donde estas. Y lentamente te mueves, te estiras. Y cuando quieras abres los ojos y sonríes a la primera persona que ves.

# Ángeles y Arcángeles
## Como conocerlos y comunicarnos con ellos

*El verdadero Maestro, además de enseñar,*
*enseña a dudar de lo que ha enseñado.*

*(M.P.J. Manannán)*

## El lenguaje de los Ángeles

*Si sientes "la llamada" y luchas por elevar la vibración de tu conciencia, tendrás que romper con patrones sociales y espirituales establecidos y hacer valer los tuyos. Surgirás como sanador y conocerás "por qué" y "para que" estás aquí. Te sentirás diferente en tu corazón y en contacto directo con todos nosotros, los Seres de Luz, los Ángeles y los Guías Espirituales.*

*Esta llamada no es una forma escapar de la realidad de la vida, es una puerta de entrada para asumir tu responsabilidad como alma, de cambiar y de elevar tu conciencia y ayudar a que se eleve la conciencia colectiva.*

Raziel nos dice que nuestra tarea es aprender, y después enseñar la comunicación con los Seres de Luz, porque ellos tienen todo lo que necesitamos para superar los aprendizajes, y cumplir con las tareas que nosotros mismos nos pusimos como alma, justo antes de nacer de nuevo en este tiempo.

*Nosotros te podemos ayudar a recordar y proporcionarte la información precisa en cada momento. Acércate y escucha los mensajes con fe y con amor. Pide "claridad espiritual" para poder confirmar aquello que escuchas. Desde la aceptación y el reconocimiento como ser divino, hijo de Dios y hermano de los Ángeles.*

*Crea un espacio de paz y armonía donde la comunicación fluya. Un espacio sin distracciones, donde puedas aquietar y acallar tu mente. Nuestros mensajes son exclusivos para cada uno de vosotros. Si no puedes escucharlos, debes luchar y superar los obstáculos y bloqueos que tú mismo te impones. Y el primer y más importante bloqueo es la inmovilidad.*

*Quieres permanecer exactamente dónde estás, anclado en la vida. Ves cualquier cambio como un peligro y eso crea un conflicto interior que te separa de tu alma y de tu energía espiritual. Debes arriesgarte, dejarte llevar por tu corazón y avanzar, no es importante hacia donde, pero debes moverte.*

*¡No lo merezco, no soy capaz, no puedo hacerlo...!*
*¿Y si me dicen algo que no me gusta...?*

*¿Cuántas veces has escuchado estas palabras en tu interior? Tus miedos cierran el camino y los canales energéticos receptores, anulando la vibración espiritual. No crees ser suficientemente bueno, limpio, sano o lo que sea... para recibir los regalos divinos. Te llenas de prejuicios, del "qué dirán" de tu "contacto" o de los "mensajes" que recibes.*

*Si quieres vencer tus temores debes enfrentarlos, reconocerlos como tuyos y aceptarlos como parte de la esencia humana. Solo así los superarás y los dejarás atrás. Los apegos y las emociones bloquean tu crecimiento espiritual y la auto sanación. Para comunicarte con nosotros, debes vibrar en el amor y en la luz, los conflictos emocionales cierran y obstaculizan la recepción de los mensajes.*

Esperar y escuchar... La historia de Lina

Algunas de las personas que llegan a nuestros seminarios de Ángeles me explican que no contactan, que les es imposible recibir o escuchar las respuestas. Que oran diariamente pero que no saben si esas oraciones llegan a su destino, a Dios.

Es bastante común rezar sin saber si alguien escucha, y solo la fe nos hace creer que hay alguien ahí, con nosotros. Pero hay una forma de ver y de sentir esa presencia. Pero para explicarla prefiero contaros la historia de una buena amiga, Lina.

Lina es una mujer de mediana edad cuya educación había sido muy estricta en todos los sentidos, incluida la parte religiosa. Ella tenía una vida buena y sencilla, y estaba llena de fe y esperanza en la vida, pero también llena de dudas y preguntas sobre su espiritualidad.

Desde niña, y gracias a la educación y la paciencia de su mama, había tenido presente a su Ángel de la guarda, y según ella, lo había visto en muchas ocasiones. Ya de mayor busco respuestas a las preguntas que iban surgiendo a medida que crecía, y cuando podía, se apuntaba a los cursos y seminarios de Ángeles que llegaban a ella. Pero, a pesar de que tenía mucha fe en ellos y de que constantemente sentía su presencia y ayuda, nunca había escuchado una palabra o una respuesta a alguna de sus preguntas. Y cuando en los seminarios se hablaba de la relación con los Ángeles ella siempre decía:

*–En mi vida, mi Ángel siempre está a mi lado. Cada vez que he necesitado algo, se lo he pedido y sé que, de alguna forma, siempre me ha ayudado. Pero nunca he escuchado una respuesta suya. Nunca he recibido contestación. Y no lo entiendo. ¿Qué es lo que estoy haciendo mal?*

Así pasaron los años y los seminarios a los que acudía no le proporcionaban una respuesta. Hasta que un día, en uno de los seminarios le pregunté:
*–Lina, ¿cómo hablas con ellos?, dime qué haces exactamente. Explícame un caso concreto, algún momento que te acuerdes que preguntaste algo y no te contestaron.*
*–Sí, no hay problema... –respondió ella. Y después de pensarlo un poco dijo– Normalmente hablo con ellos por la noche, o voy a alguna iglesia. Pero en esas ocasiones solo les hablo, les digo lo que quiero saber, las dudas que tengo y después sigo con lo que estaba haciendo. Y nunca me contestan –dijo apenada–.*

*–Bien –le dije–. Y ¿cómo esperas la respuesta? ¿Esperas un momento a que te contesten, o estás atenta para recibir esa respuesta?*
*–No, creo que no –dijo ella sorprendida–. No sé cómo esperar o como estar atenta.*
*–Primero debes dejar un espacio para la respuesta –le expliqué–. Cuándo preguntas algo a un amigo, ¿te vas inmediatamente después de hacer la pregunta o esperas a que te responda?*

*–Espero a que me conteste –respondió Lina.*
*–Con los Ángeles debes hacer lo mismo. Debes esperar, dar un espacio de tiempo para que te puedan contestar. Además, debes hacerlo en un estado de atención especial, ya que solo en quietud, en paz, con una sonrisa interior y en la vibración del amor podrás "escuchar" los mensajes. Y si aun así no hay respuesta en ese momento, debes estar atenta para que llegue por el medio que menos esperes. Los Ángeles hablan a través de los sueños, de un libro, de otra persona, o de un anuncio o una película que hemos ido a ver de forma "casual". La respuesta siempre llega, ellos nos hablan constantemente para guiarnos en nuestros aprendizajes aun cuando nosotros no les preguntemos nada. Así que, ya sabes cómo hablar con ellos. A partir de ahora estate atenta y realmente "escucha" sus mensajes.*

Ahora Lina recibe, de forma "casual", lo que su Ángel de la guarda le quiere decir. Y ha podido entender y vivir uno de los mensajes más importantes del Arcángel Raziel: *Para crecer en el camino de la Luz tenéis que aceptar vuestra imperfección y vuestra parte oscura que os hace humanos. Ya que solo a través de la aceptación y del perdón a vosotros mismos podréis entrar en la vibración de vuestra alma, la vibración del amor incondicional. Y solo así abriréis el canal que os lleva hasta nosotros.*

# Sefer Raziel HaMalach

La forma más conocida de este libro proviene de una traducción latina de la Edad Media llamada: "Liber Razielis Archangeli". El texto original está escrito en hebreo y arameo. Según los mitos hebreos, es el libro que el Arcángel Raziel le entregó a Adán tras ser expulsado del paraíso. Tenía la forma de una piedra de zafiro y no sólo contenía todo el conocimiento, sino que también predecía el futuro.

Sefer Raziel HaMalach - El libro del Arcángel Raziel

Está dividido en seis capítulos o libros menores dedicados al misticismo, angelología, astrología, encantamientos, y distintos oficios relacionados con el ocultismo, como la creación de talismanes y amuletos mágicos.

## El libro de Raziel

Atlantis y Lemuria fueron lo que en la Biblia se relata como el "Jardín del Edén". El perfecto equilibrio entre el hombre, el Padre Celestial y la Madre Tierra.

Los humanos poseían el "Halo de Dios" (alma) como regalo de Dios, y el "Sefer Raziel HaMalach" o "Libro de Raziel" como regalo de los Ángeles, con los que convivían y colaboraban en perfecta armonía. Enoch transcribió gran parte de él en su "Libro de Enoch" y se lo entregó al Arcángel Rafael antes de que Dios se lo llevara a la edad de 365 años convertido en el Arcángel Metatrón.

También sirvió a Noé para construir de forma correcta el arca y fue base de la sabiduría del Rey Salomón, del cual extrajo sus extraños conocimientos mágicos y el control sobre los demonios. El "Libro de Raziel" fue un regalo de Dios a los hombres para que aprendieran a usar todo lo que les ofrecía.

El idioma en el que está escrito es el idioma Malahim, con algunas modificaciones que solo conocían los sacerdotes y sacerdotisas del Templo Sagrado y los Maestros de más alto rango. Después de la destrucción y desaparición de los continentes de Atlantis y Lemuria, los maestros se lo llevaron reapareciendo en algunas ocasiones como un libro de claves secretas (Culturas islámicas, Noé, Moisés, Salomón, etc.)

## El Malahim

En Lemuria existía un lenguaje escrito para comunicarse con los Ángeles. Este lenguaje se ha modificado a través del tiempo y por aquellos que lo han utilizado hasta formar diferentes escrituras (malachím, hetruscum, celeste, indicum o escritura celestial). Los hebreos la llamaban Malachím o Malahim, es decir, "de los Ángeles".

Además del Malahím utilizado de forma cotidiana por el pueblo lemuriano para la comunicación con los Ángeles, existía una escritura de vibración superior solo utilizada por los Maestros, Sacerdotes y Ka'ambesah Yaakunah, para comunicarse con Ángeles Maestros, Ángeles Reales y Arcángeles llamada "Malahím Maestro".

Gracias a contactos mediúmicos, se han podido recuperar estos lenguajes escritos tal y como eran en los primeros tiempos de Lemuria. Con estos lenguajes, se realizan velas y rituales con los Ángeles.

En la siguiente tabla podemos ver algunos de los glifos o símbolos de los lenguajes malahím, malahím maestro:

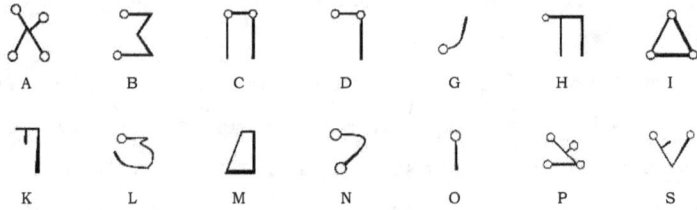

# El Lugar Sagrado

En todas las culturas, los sacerdotes, sacerdotisas, maestros, magos y chamanes han utilizado lugares, en otros planos para poder aislarse de este mundo y poder orar, resolver dudas, o recibir mensajes. La forma de llegar a ellos era a través de diferentes trances como el ayuno prolongado, la meditación o algunas plantas alucinógenas sagradas (cactus san pedro, peyote, datura, ayahuasca, etc.). A estos lugares se les llama "Lugares Sagrados".

Todos tenemos un lugar Sagrado. Un lugar donde recogernos, donde orar, donde poder comunicarnos de forma directa con nuestros Seres de Luz. Un lugar que nos da la oportunidad de dejar por un rato lo cotidiano, los problemas del día a día y nos prepara para recibir la sabiduría divina entrando en la quietud interior. Un lugar donde ocurre la sanación. Dentro de nuestro lugar Sagrado podemos ser tocados por la mano del Espíritu.

Después de buscar, estudiar y practicar las diversas formas de llegar hasta este lugar, lo único que saque en claro era que se halla en el plano espiritual.

Por esa razón busque una respuesta más clara y pregunte a los Ángeles. Y en un trance, recibí una meditación iniciática a través del Arcángel Raguel, para llegar al lugar Sagrado.

## Meditación e iniciación

Invoca a tus Seres de Luz. A tu Ángel, a tu Maestro Espiritual y a tu Animal de Poder (si los conoces), y diles que deseas que se queden contigo. Relájate, libera todas las tensiones, siente el contacto de la tierra a través de tus pies y concéntrate en tu respiración. Respira profundamente tres veces y desconéctate de tu realidad física. Respira sintiendo el aire suave y fresco. En la siguiente exhalación sientes una corriente de luz que baja desde tu coronilla y sale por tus pies anclándote con fuerza, con firmeza a la tierra. Cada exhalación te conecta más con la Madre Tierra.

Ahora, mueves los dedos de tus pies y empiezas a sentir arena. Y miras debajo de tus pies y ves arena dorada, acariciando tus pies. Y al levantar la vista te encuentras en una playa. Notas una brisa suave y agradable y disfrutas unos momentos de esa tranquilidad y paz. Te das la vuelta, de espaldas al agua y ves un bosque. Grandes y altos árboles se levantan al acabar la arena de la playa, y te diriges hacia allí. Mientras te vas acercando escuchas los sonidos del bosque: animalillos, pájaros, el viento suave que acaricia las hojas.

Ahora, te llama la atención un árbol en especial, un enorme y frondoso árbol, y notas la conexión y la energía del árbol. Te acercas, te pones frente a él y le pides que te muestre la entrada hacia tu lugar sagrado. El tronco del árbol se abre y ves una puerta hacia su interior, y entras por esa puerta. Al atravesar la puerta aparece frente a ti en un bello jardín, un jardín muy especial. Fíjate bien en todo, pasea por él, disfruta de todo lo que ves.

Ahora, ves un templo abandonado. La puerta está llena de ramas y enredaderas. Te acercas y limpias la puerta apartando todas las plantas que la tapan. Abres la puerta y entras en el templo. Frente a ti ves un altar y muchas cosas desordenadas. Y sientes que tienes que limpiar y ordenar ese lugar. Límpialo, ordénalo, coloca las cosas en su lugar. Haz lo que desees. Haz de ese lugar, un lugar bello, un lugar de recogimiento, de oración, para recibir a los Seres de luz, porque este es tu Templo Sagrado... Una vez esté como tú quieres, invita a tu Ángel de la Guarda y a todos los seres espirituales que desees. Disfruta el momento, enciende unas velas y pon unas flores en señal de celebración. A partir de este momento podrás venir aquí siempre que quieras para rezar o simplemente para recogerte y pensar.

Ahora ha llegado el momento de emprender el camino de regreso. Y lo vas a hacer sintiendo cada una de las partes de tu cuerpo, reconociéndolas. Y agradeces, la experiencia que has tenido. Agradeces la posibilidad de conocer tu lugar sagrado, o agradeces simplemente sentir agradecimiento. Y poco a poco, empiezas a tomar conciencia de donde estas. Y lentamente te mueves, te estiras. Y cuando quieras abres los ojos y sonríes a la primera persona que ves.

# El Ángel de la guarda

El concepto del Ángel de la Guarda y la creencia de que Dios envía un espíritu para ayudar a cada alma, ha existido desde mucho antes de que se le llamara así.

En la Grecia antigua ya existía un concepto similar entre los griegos politeístas y neo-platonistas. Los babilonios y asirios también creían en la existencia de Ángeles custodios, ya que a la entrada de ciertos monumentos se pueden observar figuras muy similares a las representaciones de Ángeles de la actualidad. Nabopolassar, padre de Nebuchadnezzar el Grande, expresó que Marduk (Dios) mandó un ser de gracia para acompañarlo y que por eso todo lo que hacía le salía bien.

El concepto de "Ángel", en el Antiguo Testamento, es el de mensajero. Un espíritu puro que existe para ayudar a Dios, cumplir sus órdenes y llevar sus mensajes a los seres humanos. En el libro de Daniel los Ángeles aparecen asignados a diferentes países. Y Enoch dice que los hombres buenos tienen Ángeles protectores. Este Ángel aparece de forma más concreta en el Nuevo Testamento:

En Mateo (18:10), Jesús explica que existen Ángeles de la guarda que cuidan a los niños: *"Nunca los desdeñen; les digo que tienen sus Ángeles de la guarda que miran continuamente al rostro divino de mi Padre".*

San Pedro es liberado de la cárcel por un Ángel; en Hechos (12-15), cuando San Pedro sale de la cárcel, llama a la puerta de la casa donde se encuentran reunidos los discípulos, y al principio no creen que sea Pedro en persona y exclaman: *"Será su Ángel".*

## Tu Ángel guardián

El Ángel de la guarda es un espíritu de Dios que acompaña y protege a cada una de las almas que vienen a la vida terrenal. Existe desde que el hombre es hombre, desde que Dios envió a la primera alma a este mundo. Y en los tiempos de Lemuria tenía un papel muy importante en el día a día de todos sus habitantes. Sobre el Ángel de la Guarda Raziel dice:

*Es una presencia amorosa que os cuida y os guía en vuestro recorrido por esta vida, y permanece junto a vuestra alma hasta el momento del regreso a la Luz.*

*Es vuestro amigo incondicional. Espera constantemente que le pidáis ayuda, que contéis con Él y que sintáis su compañía. Cuando lo despreciáis, o no lo hacéis presente en vuestra vida, se siente triste. Igual que cuando os sentís solos y desgraciados, está a vuestro lado sufriendo por vuestro dolor. Aunque los Ángeles de la guarda son los más "pequeños" en la jerarquía Angelical, tienen mucha sabiduría y poder, y pueden adquirir cualquier forma física para ayudaros (persona, animal, aire, etc.).*

*Pero para que esta ayuda llegue se deben cumplir al menos dos premisas. La primera es que le pidáis ayuda, y la segunda, que vuestra alma esté dispuesta a recibir esa ayuda.*
*Como humanos no siempre sabéis que es lo mejor para vosotros, si estáis en un proceso de aprendizaje y la ayuda haría que no aprendierais esa lección, vuestra alma no aceptaría la ayuda de vuestro Ángel hasta el momento que superéis el aprendizaje. Pero, aunque la ayuda no llegue como vosotros queréis, o de la forma que vosotros le pedís, la ayuda siempre llega. Él siempre aparece para mostraros el camino y enseñaros a superar las lecciones de esta vida.*

## La niña del parque

Para ir a mi trabajo, cada mañana atravesaba un bello parque. Eso me daba energía para afrontar el día y me ayudaba a despejarme antes de comenzar la jornada. Pero la verdad es que pocas veces me fijaba en las personas con las que me cruzaba, ya que mi pensamiento estaba perdido mis problemas y en lo que me esperaba en la oficina.

Un día algo me llamo la atención. Era una niña que estaba sentada en un banco del parque. La gente pasaba por su lado y nadie se paraba a preguntarle que le pasaba. Estaba vestida con un traje descolorido, zapatos rotos y sucios, y la mirada perdida en las personas que pasaban cerca de ella.

Los días siguientes me fijé que ella nunca hablaba con nadie, y caí en la cuenta de que en todos los días que la vi nunca dijo una palabra.

Un día decidí acercarme a ella, y al acercarme noté que en su espalda tenía una joroba. Ella me miró, y su mirada se me clavó en mi corazón. Me senté a su lado y sonriendo le dije:
–Hola.

La niña levanto su carita, me miró sorprendida y con una voz muy baja me saludó. Estuvimos hablando hasta el atardecer, y cuando nos quedamos solos en el parque, ya en la noche, le pregunté:

–*¿Por qué estás tan triste?*

–*Porque soy diferente.* –me dijo con lágrimas en sus ojos.

Yo la miré, y con una sonrisa le respondí:

–*Sí, eres diferente.*

–*Lo sé.* –me dijo ella aún más triste.

–*Pero ser diferente no es malo. Las diferencias nos hacen aprender y crecer. Además, tú me recuerdas a un Ángel. Un dulce e inocente Ángel.* –le conteste.

Ella me miró, y con un brillo especial en sus ojos sonrió, se levantó y dijo:

–*¿Realmente sientes lo que me acabas de decir?*

–*Sí* –le respondí. –*Eres como un Ángel guardián enviado para proteger a todos los que caminamos por este parque.*

En ese momento, y mientras movía su cabeza afirmativamente y sonreía su joroba se abrió y dos hermosas alas surgieron en su espalda. Después me miró y dijo:

–*Yo soy tu Ángel guardián.*

Y ante mi asombro ella continuo –*Por primera vez en tu vida has pensado en alguien más que no seas tú. Has abierto tu corazón y has comprendido que en las diferencias está el amor verdadero. Ya he cumplido mi misión.*

Yo me levanté y le pregunté:

–*¿Cómo es que nadie te ha ayudado en todos estos días que has permanecido en el parque?*

Ella me miró y sonriendo dijo:

–*Tú eres el único que podía verme.* –Y desapareció.

Aprended de las experiencias de los demás, y cuando penséis que estáis solos y que nadie os puede ayudar, recuerda que vuestro Ángel guardián está siempre pendiente de vosotros.

## El Ángel y el doctor

El insistente timbre del teléfono le despertó bruscamente. Era de madrugada y contestó medio dormido. Una voz suave y armoniosa le dijo:

–¿El doctor Karl, por favor?

–Sí, soy yo.

– ¡Por favor, venga tan rápido como pueda, mi hija está muy enferma, es cuestión de vida o muerte!

– ¡Sí, voy ahora mismo! Pero... ¿dónde vive usted?

–En San Roque, calle del Edén número 117. ¡Por favor, venga rápido!

Karl era un doctor rural y tenía a su cargo varios pueblos a los que prestaba sus servicios de médico de familia. Así que se vistió, cogió sus cosas y salió apresuradamente. Sabía que tenía que recorrer unos 25 km para llegar al pueblo de San Roque y siendo el caso de vida o muerte, debía darse prisa. El doctor Karl encontró con facilidad la casa, se acercó a la puerta y golpeó. Luego de una pausa una voz entrecortada por el llanto preguntó:

–¿Quién es?

–Soy el doctor Karl. Recibí una llamada de urgencia.

–¿Una llamada de urgencia? Yo no he hecho ninguna llamada. No tengo teléfono ni dinero para un doctor. Pero pase por favor, ayúdeme, mi hija está muy enferma.

Se trataba de un bebe que tenía fiebre muy alta y estaba muy grave. El doctor consiguió bajarle la fiebre, llamó a una ambulancia y dio orden de ingresarla en la clínica provincial. Después dijo a su madre que él se ocuparía de todo y que al día siguiente las iría a visitar al hospital. Una vez acabado su trabajo, se subió al coche y regresó a su casa.

En el camino recordó lo extraño de la llamada, pero no le dio más importancia. Pero en ese momento algo que le hizo estremecerse hasta el punto que tuvo que detener el coche en un descanso de la carretera. Ahí ya más tranquilo empezó a recordar lo que había sucedido la noche anterior.

Esa noche al llegar de trabajar su coche se paró justo en la puerta de su casa. Al ver que no podía ponerlo en marcha, llamó a su vecino que era mecánico. Su amigo, después de revisarlo le dijo que, además de no tener gasolina, la bomba de agua se había roto y que tenía que llevárselo con una grúa a su taller para repararlo. Pero que tenían que esperar a la mañana siguiente porque la grúa estaba ocupada. En ese momento un estremecimiento le recorrió toda la espalda. No tenía la más mínima idea de que lo que había ocurrido con su coche.

¿Cómo es que había podido ir hasta San Roque y había vuelto si el coche estaba estropeado y sin gasolina? No tenía ninguna explicación lógica, era algo imposible. Y mil pensamientos llenaron su cabeza.

Después de unos minutos, ya más tranquilo, intentó poner el coche en marcha varias veces para regresar a su casa, pero el coche no respondía, y decidió llamar de nuevo a su vecino para que fuera a buscarle con la grúa.

Mientras esperaba se quedó dormido y en sueños se le apareció un Ser de Luz que le dijo:

*–Soy el Ángel de la guarda de María, la bebe que esta noche has salvado. Gracias por acudir a la llamada a pesar de ser de madrugada. Gracias por ser un ángel en la tierra.*

Al despertar vio que la grúa de su amigo se estaba colocando para enganchar su coche. Y después de algunos comentarios sobre lo extraño de toda la situación, se pusieron en camino hacia el taller.

Qué extraños y maravillosos son los caminos de Dios. Cuantas veces vuestro Ángel os cuida y os protege con la ayuda de muchos ángeles terrenales anónimos, sin que seáis conscientes del milagro que estáis viviendo.

## Oración infantil

Desde el año 800 existe en Inglaterra una fiesta dedicada al Ángel de la guarda. A través de los años se fue creando una oración que surgió a partir del 1111.

A partir del 1608 esta fiesta se extendió a otros países para hacerse popular.

*Ángel del Señor, que,*
*por orden de la piadosa providencia divina,*
*eres mi guardián.*

*Guárdame en este día,*
*ilumina mi entendimiento,*
*dirige mis afectos*

*y gobierna mis sentimientos*

*para que yo jamás ofenda al Dios y Señor.  Amén.*

Existe otra oración tradicional católica al Santo Ángel:

*Santo Ángel del Señor,*

*mi celoso guardador,*

*pues que a ti me confío la Piedad divina,*

*me ilumine, custodie,*

*rija y gobierne. Amén.*

Esta misma oración se realizó en versión para niños, una oración que cada noche hace presente a nuestro eterno amigo:

*Ángel de la guarda,*

*dulce compañía,*

*no me desampares*

*ni de noche ni de día.*

*Las horas que pasan,*

*las horas del día,*

*si tú estás conmigo*

*serán de alegría.*

*No me dejes solo,*

*sé en todo mi guía;*

*porque soy chiquito*

*y me perdería.*

*Ven siempre a mi lado,*

*tu mano en la mía.*

*¡Ángel de la guarda,*

*dulce compañía!*

# Los siglios de los Ángeles

Desde los primeros tiempos, grandes filósofos, estudiosos y sabios, nos han enseñado diferentes formas de acercarnos a los Ángeles y de contactar con ellos. Una de ellas es a través de sellos y talismanes angélicos que han puesto a nuestra disposición. Por desgracia, debido a extremistas religiosos, a la caza de brujas y otras búsquedas del mal, casi todos ellos fueron escondidos, dejados de lado e incluso quemados por considerarse parte de supuestos ritos satánicos.

Los siglios son la esencia y la vibración de cada Ángel en un símbolo, y la llave para conectar con Él. Si los utilizamos de forma correcta y con los rituales apropiados, podemos conseguir que nuestras peticiones sean escuchadas y tratadas de forma especial. Los siglios y talismanes más conocidos son los de la Cábala con sus 72 genios, los de San Cipriano o Eliphas Levi y las claves y claviculas del Rey Salomón. Aunque algunos de ellos revelan siglios tanto de Ángeles como de demonios.

Hace algunos años, gracias al maestro Eckard Strohm, se dieron a conocer los sellos de los Ángeles de Atlantis. Una forma de contacto y sanación con los Ángeles anterior a todas las que hemos mencionado. Unos símbolos para llegar a ellos de forma sencilla y directa que fueron utilizados en los tiempos de la Atlántida. Y junto a ellos algunos rituales y terapias de sanación con los Ángeles.

Ahora, gracias a las enseñanzas del Arcángel Raziel, conoceremos los siglios y talismanes de los Ángeles del Templo de Cristal de Lemuria. Estos siglios y talismanes angélicos eran la interpretación físico-mediúmica, en forma de trazos o dibujos, de la vibración energética de cada uno de los Ángeles. Estos sellos los poseían los sacerdotes y maestros del Templo de Cristal de Lemuria como regalo de Dios en el momento de la creación del "Jardín del Edén".

En el último mensaje del Arcángel Raziel antes de escribir este libro, se reveló esta antigua sabiduría de la misma forma que a los sacerdotes lemurianos. Y con instrucciones precisas, se manifestaron en color a través de sueños lúcidos. Después, a la hora de transcribirlos y de interpretarlos en un papel, se convertían en los trazos y dibujos del siglio definitivo. Tras el símbolo llegaba el sonido del nombre del Ángel al que se debía añadir la terminación "el" y la interpretación de sus funciones y de cómo puede ayudarnos. Finalmente se dieron a conocer algunos de los rituales en los que se utilizan estos siglios.

# Arcángeles

## Los primeros de la creación

La palabra Arcángel significa jefe, ser superior o Príncipe de los Ángeles. Ellos fueron los primeros de la creación, son los representantes directos de Dios y los que crearon el mundo bajo las órdenes de Dios Padre.

Se les conoce en todas las culturas y espiritualidades con diferentes nombres. En el hinduismo se les llama "Los Siete Hijos de Aditi", en otros lugares de oriente son llamados "Los Siete Espíritus en el Sol" y en el cristianismo, el judaísmo y el islam son "Los Siete Arcángeles".

Según la Biblia hay siete Arcángeles:

"Yo soy Rafael, uno de los siete Ángeles que tiene entrada a la gloria del Señor y a su presencia" (Tb 12:15)

"Gracia y paz de aquel que Es, que era y que viene de parte de los Siete Espíritus que están delante de su Trono" (Ap 1:4)

"Al Ángel de la Iglesia de Sardes escribe: Esto dice el que tiene los siete espíritus de Dios y las siete estrellas" (Ap 3:1).

Pero mencionan el nombre solo de tres: Miguel (Ap 12:7-9); Gabriel (Lc 1:11-20; 26-38); y Rafael (Tob 12:6,15). Los nombres de los otros Arcángeles, no aparecen, debemos buscarlos en otros escritos como los "Evangelios Apócrifos" o en el "Evangelio de la Paz" de los esenios.

## Los otros Arcángeles

Al principio fueron cuatro más uno. Cuatro, los primeros dones de Dios; Miguel, Gabriel, Rafael y Uriel; y uno que se reveló contra Él, Satanael. Después de esto, y para cumplir su deseo de la creación del mundo, creó a tres mas (Haniel, Jofiel y Zadquiel). Más tarde, fue añadiendo otros para repartir todas las tareas y misiones que debía atender hasta completar el número de doce.

Desde entonces, Dios les ha encomendado las misiones más importantes en relación a los hombres. En esta era tienen la misión de proteger y de transmitir los mensajes de Dios a los hombres y mujeres que deben llevar su sabiduría al resto de la humanidad.

Raziel nos dice:

*En este momento nuestra principal tarea es la de proteger y enseñar a la humanidad como conseguir el cambio que desviara la autodestrucción de la humanidad. Por esa razón, cada uno de los 144, ira siempre acompañado por dos de nosotros. De los que recibirá protección y los mensajes para completar su misión. Aun así, no podemos intervenir en los aprendizajes que, como almas, hayan elegido para esta vida.*

## Los doce Arcángeles de Lemuria

Miguel - El luchador - El fuego de Dios.

Gabriel - El que anuncia - La fuerza de Dios.

Rafael - El que sana - La medicina de Dios.

Uriel - El rostro de Dios - La espiritualidad de Dios.


Satanael - Portador de la luz - El Ángel de la materia.

Haniel - Gracia de Dios - Ángel del amor y la armonía.

Jofiel - Luz de Dios - Inspiración de Dios.

Zadquiel - Justicia de Dios.

Raziel - La sabiduría de Dios - Guardián de los misterios.


Chamuel - El que busca a Dios - Auxilio y fuerza de Dios.

Sealthiel - Plegaria de Dios - Ángel de la Humildad.

Raguel - Deseo de Dios. Ángel de la conciencia de Dios.

Metatrón - Guardián de los Anales Akáshicos.

## Miguel, el luchador

Fuego de Dios - Quien es como Dios

En hebreo *Mikhael*.
Su color es azul.
Su día de la semana es el lunes.

Es el Ángel luchador, protector y el defensor de las almas. Es el Príncipe de los Dominios.

Le invocamos para luchar en la vida y encarar problemas cotidianos. Para perfeccionar nuestra alma penetrando en lo más profundo de nuestra conciencia y para poder ver donde la oscuridad no nos permite ver. Protección contra peligros físicos. Ayuda y valor para superarnos a nosotros mismos; fortalecimiento de nuestra fe y voluntad. Protección contra la oscuridad y todo tipo de maldad. Y de apoyo cuando nos sentimos solos, tristes o necesitamos apoyo espiritual.

## Gabriel, el que anuncia

La fuerza de Dios

En hebreo *Gibor*. Y en arameo *Gavriel*.
Su color es amarillo - dorado.
Su día de la semana es el miércoles.

Es el Príncipe de las Virtudes y el que está más cerca de los hombres. Es el Arcángel de la verdad, de la anunciación, de la resurrección y de la revelación. Es el encargado de anunciar los planes y acciones de Dios y se sienta a su izquierda.

Le invocamos en momentos de depresión, de gran abatimiento y de necesidad espiritual, en los que nos sentimos alejados de la sabiduría divina y del amor de Dios. Para conocer el plan, la misión y el objetivo fundamental de nuestra vida. Ayuda para disciplinarnos y poner orden en nuestra vida. Para superar el desánimo y la pereza. Para organizar nuestro entorno y a conseguir casa, local u oficina. Nos orienta para superarnos en el estudio y es el guía para nuestra vida espiritual, crecimiento, superación y servicio. Con Él nos sentimos más cerca de Dios y de nuestra alma.

## Rafael, el que sana

La medicina de Dios

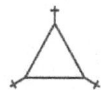

En hebreo *Raphael*.
Su color es verde.
Su día de la semana es el domingo.

Es el soberano de los espíritus de los seres humanos, el sanador de la tierra y de los hombres y el jefe de los Ángeles de la Guarda. Es el Arcángel de la providencia que cuida de toda la humanidad.

Es el guía en el Infierno, ya que es allí donde la sanación resulta más necesaria. Debe remediar los males de la humanidad y conducir a la nueva generación hacia el tercer milenio.

Le invocamos para la sanación de enfermedades físicas, mentales o espirituales y de nuestro planeta. En los momentos en los que hace falta vencer la falsedad y derrotar una mentira. Nos da la visión espiritual para interpretar adecuadamente las enseñanzas del dolor y la enfermedad en beneficio de nuestro crecimiento. Es la ayuda para hallar la armonía interna. Es el compañero ideal para que todo nos salga bien en los viajes.

## Uriel, la espiritualidad

El rostro de Dios

En hebreo *Tsadkiel*.
Su color es lila.
Su día de la semana es el viernes.

Es el guardián del mundo mental. Es a la vez Serafín, Querubín y Príncipe de los Tronos. Es el Arcángel de la salvación, del arrepentimiento, de la retribución y de la paz. Transmite a los seres humanos la luz del conocimiento y la comprensión de las profecías. Canaliza las energías de la abundancia.

Le invocamos cuando la desesperación se hace dueña de nuestros sentimientos y pensamientos. Para buscar la paz interior necesaria para aguantar un mal momento. Es la solución a problemas de ira y temores en general. Nos da tranquilidad de espíritu y renueva las esperanzas. Nos da paciencia y tranquilidad para abrir nuevos horizontes y para ver la solución pacífica de conflictos personales, sociales, laborales o profesionales. Ayuda a que se produzcan cambios rápidos. Es el director de los Ángeles proveedores, podemos pedirles por nuestras necesidades físicas y económicas.

## Haniel

La gracia de Dios - La alegría de Dios

 En hebreo *Hanniel.*
Su color es rosa.
Su día de la semana es el jueves.

También llamado Anael o Anyel. Es el Arcángel del amor y la armonía. Regente del Coro de Serafines.

Su tarea principal es la de inspirar, a través de los ojos del alma, decisiones importantes a personas que tienen en sus manos a pueblos enteros. Lleva a la humanidad por el camino del bien. Llena nuestro corazón con amor, compasión, comprensión, respeto, tolerancia, perdón y misericordia. Se le identifica con el Unicornio, símbolo de lo sobrenatural, de la apertura del tercer ojo para iluminar a la tierra.

Le invocamos para aumentar las habilidades psíquicas y energéticas, especialmente la clarividencia. Como apoyo para personas que se encuentran solas o con falta de amor, dándoles autoestima y respeto. Elimina las envidias y toda sensación de amargura. Vence rencores, atrae riquezas espirituales. Protege contra la malicia, la difamación y los malos entendidos. Consigue nuevas amistades, mejora de relaciones personales deficientes y ayuda a que las personas se lleven bien.

## Jofiel

Luz de Dios

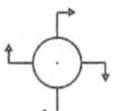 En hebreo *Jophiel.*
Su color es amarillo.
Su día de la semana es el sábado.

Es el Arcángel de la Iluminación y la Inspiración.

Le invocamos en momentos en que necesitamos claridad mental, iluminación y estabilidad. Para ayuda en problemas mundanos y lo relacionado con planteamientos existenciales y espirituales. Nos ayuda en los estudios y es el mejor apoyo para superar vicios, malos hábitos y apegos dañinos. Nos ayuda a comunicarnos con nuestro Ser Superior. Elimina orgullos o egoísmos que nos impiden proyectarnos y superarnos

## Zadquiel

Justicia de Dios

 En hebreo *Tzadquiel.*
Su color es rojo.
Su día de la semana es el martes.

También llamado Sachiel. Es el Arcángel de la alegría, de la liberación y de la invocación.

Le invocamos para cambiar lo negativo por lo positivo y en circunstancias adversas. Para la transformación para concretar las metas de las personas débiles o desanimadas. Nos libera espiritual, psicológica y emocionalmente alcanzándonos el perdón y llevando nuestras cargas.

Ayuda a disolver recuerdos dolorosos, a hallar la armonía interna y para el tratamiento de enfermedades psicosomáticas y mentales. Nos trae felicidad a nuestra vida, encontrando el sentido de la "Justicia Divina" y la tolerancia.

## Raziel

El secreto de Dios - El guardián de los misterios

 En hebreo *Rzial.*
Su color es índigo.
Su día de la semana es el sábado.

El Arcángel de la sabiduría divina y de la apertura mental. El Arcángel de los misterios supremos y Príncipe de los Querubines. Se le conoce como autor de un legendario libro llamado "Sefer Raziel HaMalach", "Libro del Arcángel Raziel" o "Libro de los Secretos", donde describe todo el conocimiento celestial y terrenal.

Le invocamos para conocer los misterios y los caminos de Dios. Da respuesta a algunas de las dudas más trascendentales humanas.

## Chamuel

El que busca a Dios - El que ve a Dios - Auxilio de Dios

 Su color es celeste.
Su día de la semana es el martes.

También llamado Camael. Es el príncipe de las Potencias, interfiere en las relaciones interpersonales y en la disciplina. Es el encargado de recibir las influencias de Dios para transmitirlas.

Lleva compasivamente a las personas al reencuentro y la paz. Representa el bienestar material y el amor impersonal. Elimina los rencores.

Le invocamos para desarrollar nuestra creatividad, convirtiéndonos en "el mejor trabajador" dentro de la categoría que desempeñemos, dándonos triunfos profesionales. Disuelve los sentimientos egoístas. Para encontrar empleo, para mejorar el que se tiene. Para encontrar objetos perdidos. Se le invoca junto a Uriel para pedir paz en el mundo.

## Sealthiel

Plegaria a Dios - He pedido a Dios

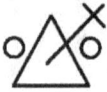 Su color es morado.
Su día de la semana es el jueves.

También llamado Selaphiel. Es el Ángel de la Humildad, de la plegaria y la oración. Y el que rige el movimiento de los planetas. Se le identifica con Salathiel, del libro apócrifo segundo de Esdras.

Se le representa con la cara y los ojos bajos y las manos cruzadas sobre el pecho, humildad y profunda concentración interior.

Le invocamos para que nos enseñe y nos ayude a orar. Para que interceda por nosotros en todas las oraciones, peticiones, plegarias o agradecimientos a Dios.

## Raguel

Deseo de Dios - Amigo de Dios - La conciencia de Dios

En hebreo *Ra'uel*.
Su color es guinda, granate.
Su día de la semana es el miércoles.

También llamado Ragüel, Suryan o Akrasiel. El Arcángel Raguel es considerado un líder en el reino Angélico, responsable de la supervisión y del buen comportamiento de los Arcángeles y los Ángeles. Se le nombra en el Libro de Enoch como uno de los siete Arcángeles (20:4) que mostró a Enoch el fuego que guía las luminarias del cielo (23:4).

Le invocamos para que nos ayude a realinearnos con nuestra alma, nuestro aspecto divino en armonía con el equilibrio del poder, la verdad y la integridad. Si el caos reina en nuestra vida, él nos ayudará y nos guiará hacia el orden y la paz. También nos ayuda a ser amables y simpáticos.

## Metatrón

Alrededor mío, donde este, a quien yo toque, mire o sople

Su color es blanco.
Todos los días de la semana.

Es el único que fue humano antes de ser Ángel. Se lo conocía como "Enoch", y era el séptimo Patriarca después de Adán. Caminó con Dios y fue llevado a los cielos, donde fue transformado en un Ángel de fuego, con 36 pares de alas.

Se piensa que Metatrón fue quien detuvo a Abraham, impidiendo que matara a su hijo. Actúa como testigo del bien que hacemos y del amor que damos; nos ayuda a comprender nuestro potencial como seres humanos amorosos y valiosos.

Es el príncipe de los Serafines. Es el anotador y archivero del "Libro de la Vida" o las "Memorias de la Vida" y responsable de la biblioteca de Dios, los Anales Akáshicos.

Le invocamos para que nos ayude a ver y comprender nuestras capacidades físicas o espirituales. También es la llave del conocimiento de los Anales Akáshicos, por lo que necesitamos su ayuda para poder leerlos.

## Satanael

El portador de la Luz

Significa Ángel de Dios y fue el primero de los Arcángeles hasta que se rebeló contra Dios. Fue vencido por Miguel y arrojado a la tierra como el Ángel de la Materia.

# Ángeles Maestros

| | | |
|---|---|---|
| **Emnudiiel** | *Ángel de la Luz de Dios* | SHUM |
| **Tsonel** | *Ángel de la Espada Divina* | LEM |
| **Estaniel** | *Ángel de la Justicia de Dios* | OH |
| **Kibenel** | *Ángel del Mensaje Divino* | EM |
| **Misientel** | *Ángel de la Misericordia de Dios* | HOU |
| **Azuriel** | *Ángel de la Verdad Divina* | AH |
| **Taanel** | *Ángel de la Llamada Divina* | IEM |
| **Siknaalel** | *Ángel de la Naturaleza* | HAL |
| **Ikalkuel** | *Ángel del Corazón de Dios* | NUM |
| **Ohelel** | *Ángel de la Sabiduría Divina* | YUM |
| **Chehkimel** | *Ángel de los Exorcismos* | EHM |
| **Kiniel** | *Ángel del Tiempo* | SAM |

Después de la creación de los diferentes mundos (en siete eras, no en siete días), y de delegar todas sus misiones más importantes, Dios vio que los Arcángeles necesitaban ayuda para realizar las tareas que les había encomendado y creo a los "Ángeles Maestros".

Una de las tareas más importantes que Dios les encomendó fue ayudar a los Elkes y Ka'ambesah Yaakunah de los doce reinos del continente de Moo siendo sus guías, tutores y protectores. En los últimos años antes de la destrucción de Lemuria, estuvieron muy presentes en el Templo de Cristal.

En la actualidad siguen siendo los guías, tutores y protectores de los doce caminos de las Hermandades de Luz y ayudan a que los iniciados lleven sus tareas siempre por el camino de la rectitud, la verdad y la Luz.

# Ángeles Reales o Esenios

Los Ángeles Reales fueron los Ángeles consejeros de Moo. Ayudaban directamente al buen funcionamiento de cada uno de los reinos, y tenían bajo su supervisión al resto de los Ángeles que directamente convivían con los hombres.

La primera referencia escrita de estos Ángeles Reales se encuentra en el Evangelio Esenio de la Paz - Libro II, en el que se enseña como contactar y orar con ellos. (Por eso son llamados también Ángeles esenios)

13 *Honra a tu Madre Tierra para que tus días puedan ser largos en la tierra y honra a tu Padre Celestial para que tengas vida eterna en los cielos, pues los cielos y la tierra te son dados por tu Dios.*

14 *Saludarás la Madre Tierra en la mañana del sábado.*

15 *Al Ángel de la Tierra en la segunda mañana.*

16 *Al Ángel de la Vida en la tercera mañana.*

17 *Al Ángel del Regocijo en la cuarta mañana.*

18 *Al Ángel del Sol en la quinta mañana.*

19 *Al Ángel del Agua en la sexta mañana.*

20 *Al Ángel del Aire en la séptima mañana.*

21 *Todos estos Ángeles de la Madre Tierra saludarás y te consagrarás a ellos para que puedas entrar al Jardín Infinito en donde está el Árbol de la Vida.*

22 *Adorarás a tu Padre Celestial en la tarde del sábado.*

23 *Comulgarás con el Ángel de Vida Eterna la segunda tarde.*

24 *Con el Ángel del Trabajo en la tercera tarde.*

25 *Con el Ángel de la Paz en la cuarta tarde.*

26 *Con el Ángel del Poder en la quinta tarde.*

27 *Con el Ángel del Amor en la Sexta tarde.*

28 *Con el Ángel de la Sabiduría en la séptima tarde.*

29 *Con todos los Ángeles del Padre Celestial comulgarás para que tu espíritu pueda purificarse en la Fuente de Luz y entrar en el Mar de la Eternidad.*

(Evangelio Esenio de la Paz - Libro II - Los 10 mandamientos - 13,29)

## El Evangelio de la paz

*"Tengo muchas cosas que decirles todavía, pero no las pueden soportar ahora".* (Jn 6,12)

El Evangelio Esenio de la Paz nació para dar respuesta a la petición de un grupo de enfermos maravillados por el poder y la sabiduría que manifestaba Jesús en sus enseñanzas y señales prodigiosas. San Juan concentro toda esa sabiduría en un libro, cuyos originales fueron guardados a través de los tiempos porque la humanidad todavía no estaba madura para poder recibirlo

A mediados del siglo IV San Jerónimo comenzó a encontrar trozos de algunos manuscritos antiguos en poder de unos anacoretas, en un valle escondido del desierto de Calkis. Tras su muerte, sus manuscritos se dispersaron, así como sus traducciones al latín del hebreo y del arameo, pero muchos llegaron a los archivos del Vaticano. En su búsqueda de la verdad, San Benito tropezó con las traducciones de San Jerónimo. Las enseñanzas esenias tuvieron un profundo efecto sobre el joven eremita quien, inspirado por la visión de la Hermandad Esenia, concibió la "Santa Regla", obra maestra de orden y simplicidad. Al fundar el monasterio en Monte Cassino, los antiguos rollos encontraron un lugar seguro detrás de sus tranquilas paredes. Y allí durmieron en los estantes del Scriptorium, donde los monjes pacientemente copiaron, siglo tras siglo, pergamino tras pergamino.

Después llegaron a manos de San Francisco, quién con la expresa misión otorgada por el mismo Jesucristo en la visión del crucifijo de San Damián: *"Ve Francisco y repara mi Iglesia, porque amenaza ruina..."*, fundó la Orden de Frailes Menores que daría valor de nuevo a los dones religiosos fundamentales simbolizados por los tres nudos del cordón del hábito de los hermanos franciscanos: pobreza, castidad y obediencia.

En 1925, Edmond Bordeaux Szckely redescubre y publica una traducción literal del arameo al francés del Evangelio Esenio de la Paz en la Universidad de París de la Sorbona. Y en 1933 aparece la traducción inglesa a partir del francés, y en México, la profesora de literatura española Rita de Vargas, y el profesor de historia Lacalle, realizan la primera traducción y publican El Evangelio Esenio de la Paz, en español. Providencialmente en el año de 1947, volvieron a aparecer los rollos esenios del Mar Muerto que fueron encontrados por un niño beduino. Este descubrimiento fue el que finalmente llevó a la popularidad mundial a los Libros que constituyen el Evangelio Esenio de la Paz.

## La Madre Tierra

Honra a tu Madre Tierra, para que tu vida sea larga sobre la tierra. Tú Madre Tierra está en ti y tú en Ella; por Ella naciste, Ella te da la vida, Ella fue la que te dio tu cuerpo y a Ella habrás de devolvérselo algún día. Feliz tú, que llegaste a conocerla y a conocer su reino.

Si recibes a los Ángeles de tu Madre Tierra y si cumples sus preceptos, nunca enfermarás. Porque el poder de nuestra Madre Tierra, está, sobre todo; Ella tiene regencia sobre los cuerpos físicos de todos los hombres y de todas las cosas vivientes.

La sangre que circula en nosotros, nace de la sangre de nuestra Madre Tierra...
El aire que respiramos nace del aliento de nuestra Madre Tierra...
La dureza de nuestros huesos, procede de los huesos de nuestra Madre Tierra, de las rocas y de las piedras...
La suavidad de nuestra carne procede de la carne de nuestra Madre Tierra...
La luz de nuestros ojos, la audición de nuestros oídos, ambos tienen su origen en los colores y sonidos de nuestra Madre Tierra...

El hombre es el hijo de la Madre Tierra y el Hijo del Hombre recibió su cuerpo entero de Ella, así como el cuerpo de un niño recién nacido sale del vientre de su madre; así también, tú eres uno con tu Madre Tierra, Ella está en ti y tú en Ella, de Ella naciste, en Ella vives y a Ella regresarás de nuevo.
(Evangelio Esenio de la Paz - Libro III - Madre Tierra - 1,12)

Invocación: La Madre Tierra y yo somos uno. Tengo mis raíces en Ella y Ella se complace en mí en armonía con la Ley Santa.

Color: Ocre.

Ángeles de la Madre Tierra: Ángel de la Tierra, Ángel de la Vida, Ángel del Regocijo, Ángel del Sol, Ángel del Agua y Ángel del Aire.

## Ángel de la Tierra

"FLUYE POR TODAS MIS CÉLULAS RENOVANDO TODO MI CUERPO"

Alabamos al bondadoso, fuerte y benéfico Ángel de la Tierra, porque se regocija en el rocío de los cielos, con la fertilidad de la tierra. Alabamos las altas montañas, ricas en praderas y agua, porque sobre ellas corren muchas corrientes y ríos. Alabamos los Árboles Sagrados del Ángel de la Tierra, que brotan del suelo para alimentar a los Hijos de la Luz. La tierra es la santa preservadora, y el elemento sustentador. Alabamos a la fortaleza y el vigor de la poderosa preservadora de la tierra que fue hecha por el Padre Celestial. Alabamos a los que sanan con las plantas de la tierra, a los que conocen los secretos de hierbas y plantas, a aquellos a quienes el Ángel de la Tierra les ha revelado su sabiduría. (Evangelio Esenio de la Paz - Libro III - Ángel de la Tierra - 4,10)

Invocación: Ángel de la Tierra, mensajero de la Madre Tierra haz germinar las plantas y fértil al vientre de la mujer, porque la tierra nunca puede estar sin la risa de los niños.

Funciones: Fuerza de gravedad, atracción. Minerales, cristales, sales. Búsqueda de lo necesario para la vida física. Buscar trabajo, casa, etc.

Color: Rojo.

81

Sellos de los Ángeles que dependen de él:

**ABANCHEL**
*Verde hierba*

ANGEL DE LAS PLANTAS

**ABUNNEL**
*Azul cobalto*

ANGEL DE LA QUIMICA

**ALAKEL**
*Azul claro*

ANGEL DE LOS ANIMALES DOMESTICOS

**AMBALEL**
*Marrón*

ANGEL DE LOS TERREMOTOS

**BAALEL**
*Celeste*

ANGEL DE LOS ANIMALES

**BAHACHILEL**
*Rojo*

ANGEL DE LOS ANIMALES SALVAJES

**EMMKIEL**
*Amarillo*

ANGEL DE LA SEGURIDAD MATERIAL

**NAMACHIEL**
*Naranja*

ANGEL DE LA FISICA

**NUKHUEL**
*Verde hoja*

ANGEL DE LOS BOSQUES

## Ángel de la Vida

"DEJAME SENTIR TU FUERZA Y TU RESPLANDOR"

Te damos gracias Padre Celestial, por el vigor de la salud, por la salud del cuerpo, por el brillo, rapidez y claridad de los ojos, junto con la agilidad de los pies y la prontitud con que los oídos escuchan, por la fuerza de los brazos y la vista potente del águila. Por todos los múltiples dones de vida, adoramos el fuego de la vida, adoramos la Luz Santa de la jerarquía celestial, adoramos el fuego, la bondad y la amistad, adoramos el fuego de la vida. Adoramos el fuego de la vida, porque es muy benéfico, el protector y generoso, adoramos el fuego que es la casa de Dios. (Evangelio Esenio de la Paz - Libro III - Ángel de la Vida - 19,24)

Invocación: Ángel de la Vida, haz fluir el río de la vida entre mí y mi hermano el árbol y así la salud del cuerpo, la agilidad del pie, la agudeza de los oídos, la energía de los brazos y la vista del águila serán míos.

Funciones: Poder de llenarse de la belleza de la naturaleza, de vida, del todo. En caso de enfermedad mortal o peligro de muerte.

Color: Celeste.

## Sellos de los Ángeles que dependen de él:

**ARGEHEL**
*Plata*

ANGEL DE LA SALUD

**CASARIEL**
*Blanco sobre Azul*

ANGEL DE LA SUPERACIÓN

**HANALEL**
*Marrón claro*

ANGEL DE LOS ALIMENTOS

**KAMENTEL**
*Fucsia*

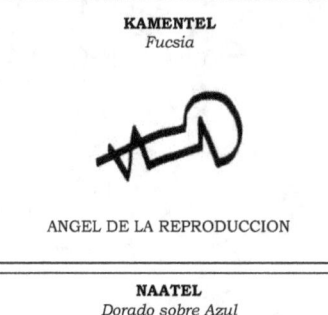

ANGEL DE LA REPRODUCCION

**KARMAEL**
*Carmín*

ANGEL DEL KARMA

**NAATEL**
*Dorado sobre Azul*

ANGEL DE LA JUSTICIA

**NATSEL**
*Gris*

ANGEL DEL MAGNETISMO

**PAKALEL**
*Verde hoja*

ANGEL DE LOS CULTIVOS

**UIALEL**
*Amarillo intenso*

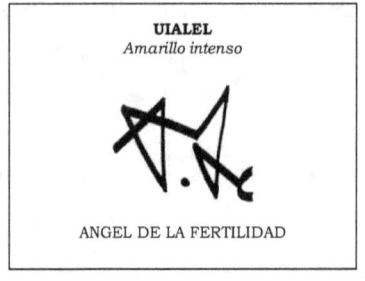

ANGEL DE LA FERTILIDAD

## Ángel del Regocijo

"LLENA MI VIDA DE FELICIDAD VERDADERA"

Descended oh cielos y derramad regocijo. Que la gente triste salga con alegría y sea guiada por la paz. Que las montañas y las colinas salten cantando antes que ellos, para que puedan participar de la santa celebración y comer el fruto del Árbol de la Vida, que está en el Mar Eterno.

El sol no dará más luz para el día, ni tampoco dará su brillo, ni la luna les dará luz. Pero la Ley será para ellos una luz eterna y el Padre Celestial y la Madre Tierra será gloria eterna de ellos. El sol que ellos ven, ya no bajará más, ni saldrá la luna que ellos ven, porque la ley será para ellos una luz eterna y los días de su lamento se acabarán. (Evangelio Esenio de la Paz - Libro III - Ángel del Regocijo - 18,23)

Invocación: Ángel del Regocijo, mensajero de la Madre Tierra, cantaré al Señor mientras viva, entonaré alabanzas a mi Dios en toda mi existencia.

Funciones: Regocijo, gozo y gloria.

Color: Naranja sobre celeste.

## Sellos de los Ángeles que dependen de él:

**ALABOLEL**
*Verde hierba*

ANGEL DE LA ESPERANZA

**HAMAKIEL**
*Verde esmeralda*

ANGEL DE LA DANZA

**HERMODEL**
*Azul eléctrico*

ANGEL DEL GOZO

**LAUNADIEL**
*Rosa*

ANGEL DEL SONIDO

**LUTIEL**
*Verde esmeralda*

ANGEL DE LA BONDAD

**MISIENTEL**
*Lila*

ANGEL DEL PERDON

**PACSUEL**
*Azul eléctrico*

ANGEL DE LA MUSICA

**SAASEL**
*Plata*

ANGEL DE LA CLARIDAD

**SANSINEL**
*Rosa*

ANGEL DE LA COMPASION

## Ángel del Sol

"ILUMINA MI SENDA Y TODOS MIS CUERPOS"

Hacia arriba, levántate y recorre el espacio. Tú, inmortal y luminoso Ángel del Sol, que vas sobre veloz corcel. Pasa sobre las montañas y dale tu luz al mundo. Oh Ángel del Sol, tu eres la fuente de luz; atraviesa las tinieblas y abre la puerta del horizonte. El Ángel del Sol habita alto sobre la tierra y sin embargo sus rayos llenan nuestros días de vida y calor. El Ángel del Sol ilumina nuestra senda con rayos de resplandor. Ángel del Sol, lanza tus rayos sobre mí, que ellos me toquen; que ellos me penetren, yo me entrego a ti y a tu abrazo, y soy bendecido con el fuego de la vida. Me inclino ante ti, Ángel del Sol; ya que ningún hombre puede mirarte con los ojos abiertos, así pues, ningún hombre puede ver a Dios cara a cara sin ser consumido por las llamas. (Evangelio Esenio de la Paz - Libro III - Ángel del Sol - 1,7)

Invocación: Ángel del Sol, mensajero santo de la Madre Tierra, entra en el Templo Santo, dentro de mí y dame el Fuego de Vida.

Funciones: Quemaduras solares. Energía solar. En caso de lluvias prolongadas.

Color: Amarillo.

## Sellos de los Ángeles que dependen de él:

**AKAABEL**
*Oro viejo*

ANGEL DE LA NOCHE

**DIJIBRIEL**
*Lila pálido*

ANGEL DE LA FIDELIDAD

**FRABIEL**
Ocre

ANGEL DE LOS VOLCANES

**HARKAEL**
*Blanco sobre Naranja*

ANGEL DE LA LUZ

**KAAQUEL**
*Rojo intenso*

ANGEL DEL FUEGO

**KINEL**
*Amarillo claro*

ANGEL DEL DIA

**OKSOLEL**
*Amarillo / Naranja*

ANGEL DEL CALOR

**RATHIEL**
*Amarillo sobre rojo*

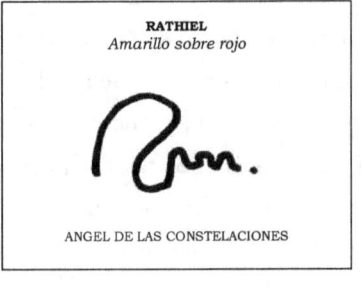

ANGEL DE LAS CONSTELACIONES

**UHEL**
*Plata*

ANGEL DE LA LUNA

## Ángel del Agua

"PENETRA EN MI SANGRE Y VIBRA EN TODO MI CUERPO"

Arrójate en los brazos envolventes del Ángel del Agua, pues Él sacará de ti todo lo que es sucio y maléfico. Mil fuentes puras corren hacia los pastos que dan alimento a los Hijos de la Luz. Le darás una larga vida y después le darás el Mar Celestial. Adoramos todas las aguas santas que mitigan la sed de la tierra, adoramos todas las aguas santas hechas por el Creador, y a todas las plantas hechas por el Creador, porque todas ellas son santas. Adoramos el agua de la vida y todas las aguas que hay sobre la tierra, las aguas que están quietas, las que están en movimiento y las aguas de las fuentes que fluyen constantemente, adoramos las gotas benditas de las lluvias. (Evangelio Esenio de la Paz - Libro III - Ángel del Agua - 3,4; 15,17)

Invocación: Ángel del Agua, mensajero de la Madre Tierra, entra en la sangre que fluye a través de mí, baña mi cuerpo con la lluvia que cae del cielo y dame el Agua de Vida.

Funciones: Elemento agua, mar, ríos, lagos y embalses. Pozos, canales, suministro de agua, bombas hidráulicas.

Color: Azul.

Sellos de los Ángeles que dependen de él:

**BAATEL**
*Gris claro*

ANGEL DEL GRANIZO

**BLATHEL**
*Blanco sobre Celeste*

ANGEL DE LA NIEVE

**ELEMOTIEL**
*Azul verdoso*

ANGEL DE LOS LAGOS

**MOSONEL**
*Azul oscuro*

ANGEL DE LAS TORMENTAS

**NABEL**
*Turquesa*

ANGEL DEL MAR

**RAGHIEL**
Celeste

ANGEL DE LAS INVOCACIONES
Y LOS DESEOS

**RENKIEL**
Gris pálido sobre negro

ANGEL DEL MIEDO

**SINUONDEL**
*Verde oliva*

ANGEL DE LOS RIOS

**TOSHAEL**
*Fucsia*

ANGEL DE LA LLUVIA

## Ángel del Aire

"DAME TU ALIENTO SAGRADO Y PERMITE QUE TU FUERZA ME ALCANCE"

Adoramos al santo aliento que está más alto que todas las cosas creadas; y adoramos la verdadera Sabiduría. Encontrarás al Ángel del Aire en medio del aire fresco del bosque y los campos; pacientemente Él te espera, al abandonar las cabañas húmedas y atestadas de la ciudad. Respira larga y profundamente, para que el Ángel del Aire pueda entrar en ti. Porque el ritmo de tu aliento es la clave del conocimiento que revela la Ley Santa. Ningún hombre puede llegar ante el rostro de Dios, si el Ángel del Aire no le deja pasar. Tu cuerpo debe respirar el aire de la Madre Tierra y tu espíritu debe respirar la Ley Santa del Padre Celestial. (Evangelio Esenio de la Paz - Libro III - Ángel del Aire - 1,17)

Invocación: Ángel del Aire, mensajero santo de la Madre Tierra, entra en lo profundo de mí, como la golondrina cae recta del espacio, para que yo pueda saber los secretos del viento y la música de las estrellas.

Funciones: Los cuatro vientos. Aviones, miedo a volar, ingeniería aeroespacial.

Color: Plata.

## Sellos de los Ángeles que dependen de él:

**AMATZHIEL**
*Naranja sobre verde*

ANGEL DE LAS ESTACIONES

**IQUEL**
*Naranja*

ANGEL DEL VIENTO

**LEHEMEL**
*Amarillo*

ANGEL DEL RELAMPAGO

**NAHATHEL**
*Verde*

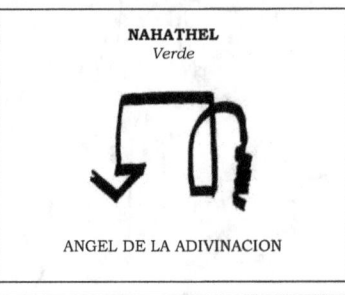

ANGEL DE LA ADIVINACION

**PASHEL**
*Verde claro*

ANGEL DE ESPACIO

**QUELESISEL**
*Marrón*

ANGEL DEL FRIO

**QUIBALEL**
*Rojo*

ANGEL DEL TRUENO

**STRUDEL**
*Lila*

ANGEL DE LA MEMORIA

**SURIEL**
*Naranja*

ANGEL DE LA ELECTRICIDAD

## El Padre Celestial

Tu nombre es Entendimiento, tu nombre es Sabiduría, tu nombre es el Bondadoso, tu nombre es el Invencible, tu nombre es el que hace Justicia Verdadera, tu nombre es aquel que da la salud, tu nombre es el Creador, Tú eres el Defensor, Tú eres el Creador y el Preservador, Tú eres el Espíritu que Discierne, Tú eres la Ley Santa.

(Evangelio Esenio de la Paz - Libro III - Padre Celestial - 19)

Porque durante el día caminaremos con los Ángeles de la Madre Tierra y durante la noche comulgaremos con los Ángeles del Padre Celestial y cuando el sol alcance su zenit al mediodía, estaremos en silencio ante la Séptuple Paz. Y ningún mal nos sucederá, ni calamidad alguna se acercará a nuestras casas, porque Él ha ordenado a sus Ángeles que nos cuiden y nos protejan en todos nuestros caminos.

(Evangelio Esenio de la Paz - Libro III - Padre Celestial - 40,41)

El Padre Celestial es nuestro refugio y fortaleza, por eso no temeremos, aunque la tierra sea destruida y aunque las montañas sean llevadas al medio del mar, aunque las aguas del océano bramen y estén agitadas y aunque las montañas tiemblen por el fuerte oleaje.

Hay un río que fluye hacia el mar eterno y cerca al río está el Árbol de la Vida. Allí es donde habita mi Padre y mi morada está en Él. El Padre Celestial y yo somos uno.

(Evangelio Esenio de la Paz - Libro III - Padre Celestial - 42,43)

Invocación: Amarás a tu Padre Celestial con todo tu corazón, con toda tu mente y con todos tus actos. Y amarás a tu prójimo como a ti mismo.

Color: Blanco, dorado.

Ángeles del Padre Celestial: Ángel de la Vida Eterna, Ángel del Trabajo, Ángel de la Paz, Ángel del Poder, Ángel del Amor, Ángel de la Sabiduría.

## Ángel de la Vida Eterna

"RECONOCE MI ALMA ETERNA"

Concédenos Padre el deseo y el conocimiento del sendero de rectitud, la rectitud del orden de la vida celestial, la vida venturosa de los Ángeles llenos de luz y de toda gloria. Así como la salud es excelente, así también lo es la vida eterna, pues ambas fluyen del Orden Celestial. El que practica la bondad en su mente y con sus acciones en la vida, ejerce la devoción hacia el creador de la vida eterna. (Evangelio Esenio de la Paz - Libro III - Ángel de la Vida Eterna - 11,13)

Invocación: No temas, sujétate de las alas del Ángel de la Vida Eterna y remóntate por los caminos de las estrellas, la luna, el sol y la Luz Eterna, moviéndote alrededor de sus órbitas por siempre y volando al Mar de Vida Eterna.

Funciones: Fe y esperanza en nuestra vida eterna al lado del Padre en la unidad de las almas. Comprensión de la dualidad de las almas.

Color: Índigo.

## Sellos de los Ángeles que dependen de él:

**AN-ELOHIM**
*Dorado*

ANGEL DEL REGRESO AL HOGAR

**AZRAEL**
*Negro*

ANGEL DE LA MUERTE

**BEELEL**
*Marrón*

ANGEL DEL CAMINO

**JOFHIEL**
*Rosa*

ANGEL DE LA RECONCILIACION

**KADMIEL**
*Azul cielo*

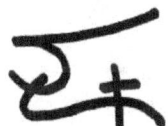

ANGEL DE LAS PREMONICIONES

**LUMILIEL**
*Amarillo*

ANGEL DE LOS ESPIRITUS PERDIDOS

**MURIEL**
*Rojo*

ANGEL DE LA MATERIA

**OLMATIEL**
*Naranja*

ANGEL DE LA ARMONIA

**SAMSAQUIEL**
*Azul*

ANGEL DE LA CONSTANCIA

## Ángel del Trabajo

"ILUMINA LA HUMANIDAD Y DAME TU PLENITUD"

Padre Celestial, cuán múltiples son tus obras. A todas has hecho con tu sabiduría, la tierra está llena de tus riquezas. Tú hiciste que brotaran las fuentes de agua en los valles y éstas corren entre las colinas; y das de beber a todas las bestias y haces que la hierba crezca para el ganado. Tú plantaste en su sitio los árboles gigantescos, para que los pájaros del cielo pudiesen tener en ellos su habitación y volar suavemente entre sus ramas. Todas tus dádivas producen fruto en las manos de los Hijos de la Luz, porque ellos están construyendo sobre la tierra el Reino de los Cielos. Abres tus manos y ellos se llenan de bienestar. Exhalaste tu espíritu y ellos fueron creados y en compañía con los Santos Ángeles renovarán la faz de la tierra. (Evangelio Esenio de la Paz - Libro III - Ángel del Trabajo - 8,16)

Invocación: El que camina con el Ángel del Trabajo, lleva dentro de sí un campo fértil, donde toda clase de plantas germinan en abundancia. Como sembréis así recogeréis.

Funciones: Fecundidad de ideas y de creatividad, plenitud del hombre y de la humanidad.

Color: Verde.

<u>Sellos de los Ángeles que dependen de él:</u>

**DHEROSEL**
*Verde oscuro*

ANGEL DE A COMUNIDAD

**HUYUEL**
*Turquesa*

ANGEL DEL MOVIMIENTO

**LAURETIEL**
*Violeta suave*

ANGEL DE LA COMUNICACIÓN

**LEKELEL**
*Naranja*

ANGEL DEL COMIENZO

**TRAMIDEL**
*Plata*

ANGEL DEL RITMO

**TSOLEL**
*Naranja intenso*

ANGEL DEL ORDEN

**TUUSEL**
*Gris claro*

ANGEL DE LOS INVENTOS

**UMBIEL**
*Gris pálido*

ANGEL DEL TRABAJO

**ZAHARIEL**
*Gris oscuro*

ANGEL DE LAS TENTACIONES

## Ángel de la Paz

"GUIAME HACIA LA VERDADERA PAZ"

Porque, así como las aguas cubren el mar, así la tierra será colmada con la Paz del Padre Celestial. Invocaré al Ángel de la Paz, cuyo aliento es amistoso y cuya mano está investida de poder. En el reino de la paz no hay hambre ni sed, ni viento frío, ni viento cálido, ni vejez ni muerte. Por eso siempre saludaos de esta manera: "La paz sea contigo", para que pueda descender sobre vuestro cuerpo la Paz de la Madre Tierra y sobre vuestro espíritu la Paz del Padre Celestial. Y entonces, también encontrareis la paz entre vosotros mismos, porque el reino de la ley está dentro de vosotros. Y dadle a cada uno vuestra paz, así como os he dado mi Paz. Porque mi Paz es de Dios. La paz sea contigo. (Evangelio Esenio de la Paz - Libro III - Ángel de la Paz - 1,16)

Invocación: Buscad al Ángel de la Paz, que él es como la estrella de la mañana en medio de una nube, como la luna llena y como el sol brillando sobre el Templo del Altísimo. La paz mora en el corazón del silencio: Serénate y reconoce, soy Dios.

Funciones: Paz, paz interior, acabar discusiones o disputas.

Color: Blanco sobre celeste.

Sellos de los Ángeles que dependen de él:

**ACUARIEL**
*Amarillo intenso*

ANGEL DE LA COMPRENSION
Y EL ENTENDIMIENTO

**ALCHEOBEL**
*Marrón*

ANGEL DEL DOMINIO

**DAREL**
*Blanco*

ANGEL DE LA PAZ

**DHATALEL**
*Rojo intenso*

ANGEL DEL REPOSO

**ENKIEEL**
*Nácar*

ANGEL DEL SILENCIO

**PAATEL**
*Violeta*

ANGEL DE LA PACIENCIA

**PAQUEL**
*Melocotón*

ANGEL DE LA CONTEMPLACION

**REITHUAEL**
*Violeta*

ANGEL DEL RENACIMIENTO
Y LA RECONEXION

**TETHIEL**
*Almendra*

ANGEL DE LA SOLEDAD

## Ángel del Poder

"TRANSFORMAME Y GUÍA TODOS MIS ACTOS"

¿Qué es la acción bien hecha? Es la que hacen los Hijos de la Luz, quienes cumplen la ley antes que todas las otras cosas. Por eso, yo te pido el mejor de todos los dones, oh Padre Celestial, pues Tú eres el más perfecto de todos los seres. Que la Ley Santa gobierne dentro de nosotros a través de tu Ángel del Poder. Te ensalzamos, Padre Celestial, oh Rey poderoso y bendecimos tu poder por siempre y para siempre, mientras seamos aptos y para mostrar y enseñar al pueblo las cosas que pueden hacer teniendo fe en el Padre Celestial, en la Madre Tierra, en los Santos Ángeles y en todos sus hermanos, los Hijos de la Luz, quienes siembran en el suelo del Jardín de la Hermandad, sintiendo el deseo de la orden celestial en sus espíritus y en sus cuerpos. (Evangelio Esenio de la Paz - Libro III - Ángel del Poder - 2,7)

Invocación: Ángel del Poder, mensajero santo del Padre Celestial, guía nuestras obras y actos.

Funciones: Fuerzas cósmicas, energía universal, poder sobre uno mismo.

Color: Naranja.

<u>Sellos de los Ángeles que dependen de él:</u>

**ANDOSEEL**
*Verde*

ANGEL DE LA ENERGIA

**ATHAQUEL**
*Melocotón*

ANGEL DE LA FUERZA

**CANALEL**
*Celeste*

ANGEL DEL CANSANCIO

**HAALKABEL**
*Azul*

ANGEL DE LA LIBERTAD

**HEDSOLEL**
*Amarillo suave*

ANGEL DE LA SEGURIDAD

**LINDUREL**
*Cereza*

ANGEL DE LA PLANIFICACION

**NAKSEL**
*Dorado*

ANGEL DEL EXITO

**OOLEL**
*Turquesa*

ANGEL DE LA VOLUNTAD

**ROBRILEL**
*Plata*

ANGEL DE LA RADIACION

101

## Ángel del Amor

"FLUYE EN MI Y PURIFICA TODOS MIS SENTIMIENTOS"

El amor es más fuerte que las corrientes de aguas profundas. El amor es más fuerte que la muerte. Amémonos los unos a los otros. Porque el amor pertenece al Padre Celestial y todo el que ama, nace del Padre Celestial y de la Madre Tierra y conoce a los Ángeles. Amaos los unos a los otros, así como el Padre Celestial os ha amado. Porque el Padre Celestial es Amor. Y el que vive en el Amor, vive en el Padre Celestial y el Padre Celestial vive en él. Y el que le ama, es como el sol cuando sale con su poder. Oh amor primoroso..., dinos palabras dichosas por medio de tu mente divina que vive dentro de nosotros. Decidles a los Hijos de la Luz que cultiven el suelo del Jardín de la Hermandad. Respetad a todos los hombres, amad la hermandad humana, obedeced la Ley. (Evangelio Esenio de la Paz - Libro III - Ángel del Poder - 1,18)

Invocación: Así reconoceréis a los Hijos de la Luz; aquellos que caminan con el Ángel del Amor, porque aman al Padre, aman a sus hermanos.

Funciones: Amor universal, amor hacia "todo lo que es", experiencias místicas

Color: Rosa.

<u>Sellos de los Ángeles que dependen de él:</u>

**AMITIEL**
*Celeste*

ANGEL DE LA AMISTAD

**CRHISTHZOEL**
*Rojo sobre verde*

ANGEL DE LA NAVIDAD

**HASINEL**
*Rojo sobre Rosa*

ANGEL DE LA FELICIDAD

**IBOLALOEL**
*Carmín*

ANGEL DEL AMOR TERRENAL

**MENWIEL**
Gris

ANGEL DE LA ALEGRIA

**NACHATHIEL**
Verde pálido

ANGEL DEL CONSUELO

**OTSILILEL**
*Plata*

ANGEL DE LA HUMILDAD

**SAMASIEL**
*Azul índigo*

ANGEL DE LA HERMANDAD

**SASGABIEL**
Blanco sobre negro

ANGEL DE LOS EXORCISMOS

## Ángel de la Sabiduría

"ILUMINA MIS PENSAMIENTOS CON EL ESPÍRITU DE LA VERDAD"

Toda sabiduría procede del Padre Celestial y permanece por siempre con Él. El Ángel de la Sabiduría guía a los Hijos de la Luz por medio de la Ley Santa. ¿Quién puede contar las arenas del mar, las gotas de la lluvia y los días de la eternidad? ... ¿Quién conoce las profundidades y quién la sabiduría? La sabiduría fue creada antes que todas las cosas. Uno puede curar con la bondad, con la justicia, con hierbas y con la palabra de sabiduría. Entre todos los remedios es éste el que verdaderamente sana..., porque la Sabiduría es el mejor de todos los remedios. Cuando la ignorancia sea sustituida por la Sabiduría Divina, entonces la dulzura y la fertilidad regresarán a nuestra tierra y a nuestros campos; con salud y curación, con plenitud y abundancia y con gran cantidad de cereal y pasto. (Evangelio Esenio de la Paz - Libro III - Ángel de la Sabiduría - 3,7; 21)

Invocación: Ángel de la Sabiduría, te adoraré a ti y al Padre Celestial por quien, dentro de nosotros, fluye el río de pensamientos hacia el Mar Santo de la Eternidad, y lo haré libre de temor, abierto de corazón y sencillo de conciencia.

Funciones: Sabiduría, filosofía, inunda los pensamientos.

Color: Dorado.

Sellos de los Ángeles que dependen de él:

**ANTAHEL**
*Granate*

ANGEL DE LA PROTECCION

**ESPARKADIEL**
*Amarillo oro*

ANGEL DEL DESPERTAR

**FEHAGUEL**
*Naranja intenso*

ANGEL DE LA GUIA

**HEMADOEL**
*Rojo*

ANGEL DE LA EVOLUCION

**LETIEL**
*Naranja*

ANGEL DE LA PERFECCION

**MAHANEL**
*Verde*

ANGEL DE LOS VIAJES

**SPIREEL**
*Blanco sobre negro*

ANGEL DE LA VERDAD

**TANILEL**
*Azul*

ANGEL DE LA PALABRA

**TESIBILEL**
*Negro*

ANGEL DE LA ESCRITURA

# Los Ángeles de Lemuria

Los Ángeles de Lemuria son 108, y se ocupan de las tareas más cercanas a los hombres. Dependen directamente de los Ángeles Reales, y con sus siglios se realizan los rituales más sencillos. Son, junto a los Arcángeles, Ángeles Maestros y Ángeles Reales, "Los 144 Ángeles del Templo de Cristal".

## Listado alfabético

**Ángel de la Adivinación** - Nahathel
Adivinación, clarividencia, presagios, tarot. - *Ángel Real del Aire.*

**Ángel de la Alegría** - Menwiel
Alegría interior. Perdida o ausencia de personas. (Junto al Ángel del Consuelo) - *Ángel Real del Amor.*

**Ángel de los Alimentos** - Hanalel
Nutrición, dietas. Para buena asimilación de alimentos. Protección para alimentos en mal estado. - *Ángel Real de la Vida.*

**Ángel de la Amistad** - Amitiel
Verdadera amistad, compañerismo, lealtad. - *Ángel Real del Amor.*

**Ángel del Amor terrenal** - Ibolaloel
Amor pasional, pena de amor, amor de pareja, problemas de pareja. - *Ángel Real del Amor.*

**Ángel de los Animales** - Baael
Ángel que protege a todos los animales. Veterinarios, ganadería. - *Ángel Real de la Tierra.*

**Ángel de los Animales domésticos** - Alakel
Mascotas, granjas, veterinarios. - *Ángel Real de la Tierra.*

**Ángel de los Animales salvajes** - Bahachilel
Protección de animales en peligro de extinción. Parques naturales. - *Ángel Real de la Tierra.*

**Ángel de la Armonía** - Olmatiel

También Ángel del equilibrio. Refresca cuerpo, mente y alma. - *Ángel Real de la Vida eterna.*

**Ángel de la Bondad** - Lutiel

Bondad, asociaciones de ayuda. Ayudarnos a nosotros mismos. - *Ángel Real del Regocijo.*

**Ángel de los Bosques** - Nukhuel

Plantas. Jardinería, floricultura, bosques y selvas, ingenieros agrónomos. - *Ángel Real de la Tierra.*

**Ángel del Calor** - Oksolel

Calor de hogar, del corazón. Control de temperatura. - *Ángel Real del Sol.*

**Ángel del Camino** - Beelel

Camino y circunstancias de la vida. Destino. (con Karmael). - *Ángel Real de la Vida Eterna.*

**Ángel del Cansancio** - Canalel

Cansancio y agotamiento. Vigilancia y guardianía. - *Ángel Real del Poder.*

**Ángel de la Claridad** - Saasel

Claridad de pensamiento. Limpieza física, emocional, mental y espiritual. Depresión. - *Ángel Real del Regocijo.*

**Ángel del Comienzo** - Lekelel

Inicio, comienzo de algo, construcción. Nuevo comienzo o nuevos proyectos en la vida. Para empezar con buen pie. - *Ángel Real del Trabajo.*

**Ángel de la Compasión** - Sansinel

Compasión, amor al prójimo. Asociaciones, Ong's. - *Ángel Real del Regocijo.*

**Ángel de la Comprensión y el Entendimiento** - Acuariel

Comprensión y entendimiento de la propia vida y circunstancias. (Junto al Ángel de la Reconciliación). - *Ángel Real de la Paz.*

**Ángel de la Comunicación** - Lauretiel

Comunicación humana y animal. Medios de comunicación, periodistas. - *Ángel Real del Trabajo.*

**Ángel de la Comunidad** - Dherosel

Grupos, comunidades. - *Ángel Real del Trabajo.*

**Ángel de la Constancia** - Samsaquiel

Constancia, perseverancia, ceder si hay mucha oposición. - *Ángel Real de la Vida eterna.*

**Ángel de las Constelaciones** - Rathiel

Constelaciones, galaxias, planetas, estrellas. Astronomía y astrología. - *Ángel Real del Sol.*

**Ángel del Consuelo** - Nachathiel

Perdidas, problemas emocionales, personas que consuelan a otras (médicos, pastores, sacerdotes). - *Ángel Real del Amor.*

**Ángel de la Contemplación** - Paquel

Contemplación, meditación. - *Ángel Real de la Paz.*

**Ángel de los Cultivos** - Pakalel

Terrenos y cultivos. Explotaciones agrarias, ingenieros agrónomos. - *Ángel Real de la Vida.*

**Ángel de la Danza** - Hamakiel

Danza, baile, bailarines. - *Ángel Real del Regocijo.*

**Ángel del Despertar** - Esparkadiel

Despertar interior, renacimiento. Nuevos caminos. - *Ángel Real de la Sabiduría.*

**Ángel del Día** - Kinel

Transcurso del día, sucesos cotidianos. - *Ángel Real del Sol.*

**Ángel del Dominio** - Alcheobel

También Ángel del control y de autocontrol. - *Ángel Real de la Paz.*

**Ángel de la Electricidad** - Suriel

Electricidad, chispas eléctricas, aparatos eléctricos. - *Ángel Real del Aire.*

**Ángel de la Energía** - Andoseel

Transmisión de energías, físicas, espirituales y sanadoras. Lugares energéticos. Electricidad. - *Ángel Real del Poder.*

**Ángel de la Escritura** - Tesibilel

Imprentas, escritores, filósofos, bibliotecas, traducciones, grafología. - *Ángel Real de la Sabiduría.*

**Ángel del Espacio** - Pashel

Viajes astrales, planetas. Astrólogos y Astrónomos. - *Ángel Real del Aire.*

**Ángel de la Esperanza** - Alabolel

Esperanza en la vida, en los demás. Enfermedades crónicas o terminales. - *Ángel Real del Regocijo.*

**Ángel de los Espíritus perdidos** - Lumiliel

Espíritus perdidos. Para encontrarlos y ayudarlos. Protección contra los espíritus negativos. (No demonios). - *Ángel Real de la Vida eterna.*

**Ángel de las Estaciones** - Amatzhiel

Protege y cuida las estaciones del año. Solsticios y equinoccios. - *Ángel Real del Aire.*

**Ángel de la Evolución** - Hemadoel

Aprendizaje, maestros, colegios. Madurez, desarrollo (físico y espiritual) de los seres vivos, ascensos profesionales. - *Ángel Real de la Sabiduría.*

**Ángel del Éxito** - Naksel

Éxito en todos los aspectos. - *Ángel Real del Poder.*

**Ángel de los Exorcismos** - Sasgabiel

Exorcismos y magia negra. (Junto al Arcángel Miguel y al Ángel Maestro Chehkimiel). - *Ángel Real del Amor.*

**Ángel de la Felicidad** - Hasinel

Felicidad, fortuna, dicha, éxtasis espiritual y místico. - *Ángel Real del Amor.*

**Ángel de la Fertilidad** - Uialel

Fertilidad de todos los seres vivos. Fertilidad del alma. - *Ángel Real de la Vida.*

**Ángel de la Fidelidad** - Dijibriel

Fidelidad, lealtad y honor personal y hacia otros. - *Ángel Real del Sol.*

**Ángel de la Física** - Namachiel

Procesos físicos e investigación. - *Ángel Real de la Tierra.*

**Ángel del Frio** - Quelesisel

Control del frio. También Ángel del hielo y de los polos. - *Ángel Real del Aire.*

**Ángel del Fuego** - Kaaquel

Incendios, quemaduras, protección a los bomberos. - *Ángel Real del Sol.*

**Ángel de la Fuerza** - Athaquel

Necesidad de fuerza física o interior y momentos de apuro. - *Ángel Real del Poder.*

**Ángel del Gozo** - Hermodel

Gozo, plenitud espiritual, alegría de vivir. - *Ángel Real del Regocijo.*

**Ángel del Granizo** - Baatel

Granizo, lluvia, protección de los cultivos. - *Ángel Real del Agua.*

**Ángel Guía** - Fehaguel

Guías, maestros, sacerdotes, jefes. Encontrar camino en la vida o ayudar a encontrarlo. Mapas, personas perdidas. - *Ángel Real de la Sabiduría.*

**Ángel de la Hermandad** - Samasiel

Unidad, comunidad. - *Ángel Real del Amor.*

**Ángel de la Humildad** - Otsililel

Humildad, sencillez. Junto al Arcángel Sealthiel. - *Ángel Real del Amor.*

**Ángel de los Inventos** - Tuusel

Inventores, artesanos. Creatividad, registros y patentes. - *Ángel Real del Trabajo.*

**Ángel de las Invocaciones y los Deseos** - Raghiel

Deseos, realizarse en la vida. Invocaciones y oraciones en general. - *Ángel Real del Agua.*

**Ángel de la Justicia** - Naatel

Jueces, abogados, notarios, procesos judiciales, leyes, actas, contratos. - *Ángel Real de la Vida.*

**Ángel del Karma** - Karmael

Vigila las reencarnaciones. Ayuda a superar el karma. - *Ángel Real de la Vida.*

**Ángel de los Lagos** - Elemotiel

Lagos, estanques, embalses y presas. (Aguas no estancadas). - *Ángel Real del Agua.*

**Ángel de la Libertad** - Haalkabel

Libertad. Presos, víctimas de la justicia. - *Ángel Real del Poder.*

**Ángel de la Lluvia** - Toshael

Lluvia, aguaceros, inundaciones, sequia. - *Ángel Real del Agua.*

**Ángel de la Luna** - Uhel

Mareas, problemas con el sueño, lunaciones. - *Ángel Real del Sol.*

**Ángel de la Luz** - Harkael

Luz, iluminación. Luz en la vida, luz divina. - *Ángel Real del Sol.*

**Ángel del Magnetismo** - Natsel

Magnetismo personal, atracción. Magnetismo de la tierra. - *Ángel Real de la Vida.*

**Ángel del Mar** - Nabel

Nadadores, buceadores, tsunamis. Marinos, barcos. - *Ángel Real del Agua.*

**Ángel de la Materia** - Muriel

Telequinesis. Estar muy anclado a la tierra, sin equilibrio espiritual. - *Ángel Real de la Vida eterna.*

**Ángel de la Memoria** - Strudel

Estudiantes, universitarios, profesores. Demencia senil o Alzhéimer. - *Ángel Real del Aire.*

**Ángel del Miedo** - Renkiel

Traumas y miedos en todos sus aspectos. - *Ángel Real del Agua.*

**Ángel del Movimiento** - Huyuel

Gimnasia, deportes. Viajes, agencias de viajes, transportes. - *Ángel Real del Trabajo.*

**Ángel de la Muerte** - Azrael

Enfermedades terminales, muerte. Moribundos. (Junto a los Elohim) - *Ángel Real de la Vida eterna.*

**Ángel de la Música** - Pacsuel

Músicos, orquestas, instrumentos, danza. - *Ángel Real del Regocijo.*

**Ángel de la Navidad** - Crhisthzoel

Ángel del amor impersonal. Desciende del 18/12 al 9/1. - *Ángel Real del Amor.*

**Ángel de la Nieve** - Blathel

Aludes, tormentas de nieve. - *Ángel Real del Agua.*

**Ángel de la Noche** - Akaabel

Protección en la noche, guardianía. Miedo a la oscuridad. - *Ángel Real del Sol.*

**Ángel del Orden** - Tsolel

Orden material (habitación, casa, papeles). Orden en la vida, leyes, normas. Directores y jefes. Policía y militares. - *Ángel Real del Trabajo.*

**Ángel de la Paciencia** - Paatel

Para vivir la paciencia y la tolerancia con la mejor disposición. - *Ángel Real de la Paz.*

**Ángel de la Palabra** - Tanilel

Oradores, traductores, logopedas, cuerdas vocales. - *Ángel Real de la Sabiduría.*

**Ángel de la Paz** - Darel

Paz interior y con los demás. Protege a la humanidad de guerras y conflictos. - *Ángel Real de la Paz.*

**Ángel del Perdón** - Misientel

Perdón y paz con uno mismo y con los demás. Zanjar disputas. - *Ángel Real del Regocijo.*

**Ángel de la Perfección** - Letiel

Terminar una obra o una etapa en la vida, perfeccionarse día a día. - *Ángel Real de la Sabiduría.*

**Ángel de la Planificación** - Lindurel

Planificación de la vida, de un proyecto, de un viaje. - *Ángel Real del Poder.*

**Ángel de las Plantas** - Abanchel

Plantas, bosques y selvas, ingenieros agrónomos. - *Ángel Real de la Tierra.*

**Ángel de las Premoniciones** - Kadmiel

Claridad en las premoniciones. Explicación de ellas. - *Ángel Real de la Vida eterna.*

**Ángel de la Protección** - Antahel

En cualquier momento en el que necesitemos protección. - *Ángel Real de la Sabiduría.*

**Ángel de la Química** - Abunnel

Procesos y productos químicos. Laboratorios farmacéuticos. - *Ángel Real de la Tierra.*

**Ángel de la Radiación** - Robrilel

Radiación solar, rayos x, radioactividad. - *Ángel Real del Poder.*

**Ángel de la Reconciliación** - Jofhiel

Reconciliación y reencuentro con Dios, con nosotros mismos, con un amigo, etc. Hacer las paces con alguien o algo... - *Ángel Real de la Vida eterna.*

**Ángel del Regreso al hogar** - An-Elohim

Ángel de regreso al hogar, a la unidad de las almas. - *Ángel Real de la Vida eterna.*

**Ángel del Relámpago** - Lehemel

Tormentas eléctricas. - *Ángel Real del Aire.*

**Ángel del Renacimiento y la Reconexión** - Reithuael

Rituales de reconocimiento, reconexión y renacimiento. - *Ángel Real de la Paz.*

**Ángel del Reposo** - Dhatalel

Reposo, recuperación, balnearios, salud. - *Ángel Real de la Paz.*

**Ángel de la Reproducción** - Kamentel

Reproducción, embarazos, desarrollo del bebe. - *Ángel Real de la Vida.*

**Ángel de los Ríos** - Sinuondel

Ríos, arroyos, fuentes termales. Desbordamientos e inundaciones. - *Ángel Real del Agua.*

**Ángel del Ritmo** - Tramidel

Ritmo, biorritmos, danza, crecimiento. Grupos musicales. - *Ángel Real del Trabajo.*

**Ángel de la Salud** - Argehel

Sanadores, médicos, enfermeras, enfermedades. Hospitales. Salud en general. - *Ángel Real de la Vida.*

**Ángel de la Seguridad** - Hedsolel

Seguridad física, seguridad en uno mismo. Consejo. - *Ángel Real del Poder.*

**Ángel de la Seguridad material** - Emmkiel

Seguridad material y económica, conseguir trabajo. (Junto al Ángel de la materia). - *Ángel Real de la Tierra.*

**Ángel del Silencio** - Enkieel

Paz interior, ayuda a la meditación, silenciar la mente, serenidad. - *Ángel Real de la Paz.*

**Ángel de la Soledad** - Tethiel

Soledad deseada o no deseada. Querer o no querer estar solo. - *Ángel Real de la Paz.*

**Ángel del Sonido** - Launadiel

Sonidos. Sordera y problemas de audición. - *Ángel Real del Regocijo.*

**Ángel de la Superación** - Casariel

Superación, retos. Miedos, tentaciones, envidias. Enemistades. - *Ángel Real de la Vida.*

**Ángel de las Tentaciones** - Zahariel

Tentaciones físicas y emocionales. Adicciones en general. - *Ángel Real del Trabajo.*

**Ángel de los Terremotos** - Ambalel

Terremotos y tsunamis. (Junto al Ángel del mar). - *Ángel Real de la Tierra.*

**Ángel de las Tormentas** - Mosonel

Tormentas y tempestades. (Junto a los otros Ángeles). - *Ángel Real del Agua.*

**Ángel del Trabajo** - Umbiel

Buscar o cambiar el trabajo. Ascensos y mejoras en el trabajo. - *Ángel Real del Trabajo.*

**Ángel del Trueno** - Quibalel

Protección contra los truenos. (Junto a otros Ángeles). - *Ángel Real del Aire.*

**Ángel de la Verdad** - Spireel

Verdad interior. Búsqueda de la verdad individual. Descubrir mentirosos. - *Ángel Real de la Sabiduría.*

**Ángel de los Viajes** - Mahanel

Viajes físicos o astrales. - *Ángel Real de la Sabiduría.*

**Ángel del Viento** - Iquel

Ciclones, huracanes. - *Ángel Real del Aire.*

**Ángel de los Volcanes** - Frasiel

Volcanes, geiseres, aguas termales. - *Ángel Real del Sol.*

**Ángel de la Voluntad** - Oolel

Fuerza de voluntad. - *Ángel Real del Poder.*

# Rituales

## Ritual básico de los Ángeles

Este sencillo ritual era el más habitual en Lemuria. Con este ritual se pueden realizar peticiones con los siglios de los Ángeles de Lemuria.

1.  Entramos en una pequeña meditación para pedir consejo sobre el Ángel más apropiado para la petición que vamos a realizar.

2.  Colocamos el "sello para rituales" mientras invocamos a los cuatro Ángeles Maestros de la conexión con Dios:

    – *Ohelel, Ángel de la Sabiduría Divina.*

    – *Azuriel, Ángel de la Verdad Divina.*

    – *Tsonel, Ángel de la Espada Divina.*

    – *Ikalkuel, Ángel del Corazón de Dios*

3.  Cogemos una vela blanca o del color que corresponde al Ángel al que vamos a realizar la petición.

4.  Escribimos o marcamos en la vela, el SIGLIO DEL ÁNGEL REAL que corresponde al Ángel que hemos elegido.

5.  Escribimos o marcamos en la vela, el SIGLIO DEL ÁNGEL QUE HEMOS ESCOGIDO.

6.  Cogemos la vela con las dos manos en posición de oración y decimos:

    – *En el nombre de los cuatro Ángeles Maestros de la conexión con Dios.*

    – *En el nombre de los 144 Ángeles que nos han ayudado y protegido desde el principio de los tiempos.*

7.  Ahora, en silencio interior, REALIZAMOS LA PETICIÓN.

8.  Finalmente colocamos la vela en el centro del "sello para rituales" la encendemos y decimos:

*–Santo Ángel ..........................., dejo en tus manos mi deseo. Y te ruego que atiendas mi petición siempre que sea para mi beneficio o el de otros, sin que provoque ningún mal a cualquier otra persona o ser vivo. Y si no se me puede conceder esta petición, dame la comprensión y la aceptación para seguir mi vida con energía y alegría, ya que mi visión es limitada y sé que solo me concederás aquello que sea bueno para mi aprendizaje…*

# Anexos

*Vi al Señor en una visión y le dije:*
*«Señor, hoy te he visto en una visión».*
*Y Él me dijo: «Bienaventurada eres,*
*pues no te has turbado al verme».*
*Yo le dije: «Señor, ahora el que ve la visión la ve en alma».*
*Él respondió: «No la ve en alma, es parte de él,*
*y es él quien la tiene en su interior»*

*María Magdalena*
*Evangelio completo de María Magdalena*

## Sello para rituales

# Reflexiones finales

Buscad vuestra felicidad, vuestra esencia y el para que estáis aquí... pero hacedlo en libertad, sin obligaciones sociales ni religiosas.

Buscad en grupos que se basen en la libertad personal e individual, y que os enseñen a encontrar vuestro propio camino. Solo así podréis acercaros a un verdadero camino de Luz y encontrar vuestra verdad.

*Pero a mí no me hagáis caso...*
*De todo lo que se dice en este libro,*
*lo que haga vibrar vuestro corazón, ya no es mío, es vuestro...*
*Y lo que no vibre...*
*no os sirve, por lo tanto, haced caso omiso.*

*M.P.J. Manannán*
*Ángeles y Arcángeles de Lemuria*

# Acerca del autor

*M.P.J Manannán* es un ser intuitivo y espiritual. Canal de sanación y eterno aprendiz. Sus palabras y sus consejos son guía, y ayuda para muchas personas que buscan su verdad y su senda en esta vida.

Ilustraciones (de los Ángeles Reales):

*Sara de Castela* es una diseñadora gráfica nacida en Portugal. Desde su infancia sólo estaba feliz creando "obras de arte" y por eso no iba a ninguna parte sin su caja de lápices de colores y una hoja de papel.

Las ilustraciones de los Ángeles Reales de este libro se realizaron a través de una conexión mediúmica con los Ángeles, para que a través de sus ojos se plasmara el arte milenario de la antigua Lemuria. Se han recuperado las imágenes que hace miles de años se perdieron en el Templo de Cristal de Lemuria.

# Bibliografía y referencias

*La Leyenda de Manaco Cápac y Mama Ocllo* (llamada también Leyenda del lago Titicaca): Fue dada a conocer por el cronista Inca Garcilaso de la Vega (1539 - 1616)

*La leyenda del origen del lago Titicaca*: Mitos y leyendas de puno.
https://hadnet1823.wordpress.com/category/leyendas-y-mitos/

*El secreto de los Andes*: by George Hunt Williamson & Giovanni A. Orlando (segunda edición - 2012)

*La niña del parque*
https://www.aciprensa.com/Historias/historia.php?id=54

*El Ángel y el doctor*: Adaptación de una historia real que sucedió en Chicago durante la época de la gran Depresión (1930-1933) y que fue contada a P. William Wagner por un sacerdote, hermano del doctor Brown.
http://opusangelorum.org/Espanol/Historia/Historiasangelguarda.htm

*Los Ángeles de Atlantis*: by F.E. Eckard Strohm (1996) - By Ediciones Abraxas (2000)

*Los Ángeles Reales / El Evangelio esenio de la paz*:
file:///C:/Users/User/Downloads/EvangeliodelaSaludydelaPaz.pdf
http://www.slideshare.net/ajjian/el-evangelio-esenio-de-la-paz-240-pagspresentation

# Información

La cultura lemuriana es profundamente espiritual y llena de herramientas para la superación y el conocimiento personal. A todos los interesados en ahondar en esta cultura o en su propia espiritualidad pueden dirigirse a:

AESAM / AOTEN - Escuela de Artes Orientales y Terapias Energéticas Naturales

Para más información:

centro_naturalmoon@yahoo.com  -  naturalmoon.wixsite.com/yaakuna

www.ingramcontent.com/pod-product-compliance
Lightning Source LLC
Chambersburg PA
CBHW081552280526

45788CB00011B/3454